Elke Drescher-Herndl

Jetzt leben lernen Das 3 Säulen Konzept zur Gewichtsreduktion

Elke Drescher-Herndl

Jetzt leben lernen Das 3 Säulen Konzept zur Gewichtsreduktion

Eine ganzheitliche Anleitung für Seminarleiter, Coaches und Menschen, die leichter leben wollen

Trainerverlag

Impressum / Imprint

Bibliografische Information der Deutschen Nationalbibliothek: Die Deutsche Nationalbibliothek verzeichnet diese Publikation in der Deutschen Nationalbibliografie; detaillierte bibliografische Daten sind im Internet über http://dnb.d-nb.de abrufbar.

Alle in diesem Buch genannten Marken und Produktnamen unterliegen warenzeichen-, marken- oder patentrechtlichem Schutz bzw. sind Warenzeichen oder eingetragene Warenzeichen der jeweiligen Inhaber. Die Wiedergabe von Marken, Produktnamen, Gebrauchsnamen, Handelsnamen, Warenbezeichnungen u.s.w. in diesem Werk berechtigt auch ohne besondere Kennzeichnung nicht zu der Annahme, dass solche Namen im Sinne der Warenzeichen- und Markenschutzgesetzgebung als frei zu betrachten wären und daher von jedermann benutzt werden dürften.

Bibliographic information published by the Deutsche Nationalbibliothek: The Deutsche Nationalbibliothek lists this publication in the Deutsche Nationalbibliografie; detailed bibliographic data are available in the Internet at http://dnb.d-nb.de.

Any brand names and product names mentioned in this book are subject to trademark, brand or patent protection and are trademarks or registered trademarks of their respective holders. The use of brand names, product names, common names, trade names, product descriptions etc. even without a particular marking in this works is in no way to be construed to mean that such names may be regarded as unrestricted in respect of trademark and brand protection legislation and could thus be used by anyone.

Coverbild / Cover image: www.ingimage.com

Verlag / Publisher:
Der Trainerverlag
ist ein Imprint der / is a trademark of
AV Akademikerverlag GmbH & Co. KG
Heinrich-Böcking-Str. 6-8, 66121 Saarbrücken, Deutschland / Germany
Email: info@verlag-trainer.de

Herstellung: siehe letzte Seite /
Printed at: see last page
ISBN: 978-3-8417-5053-2

Endlich habe ich den Schlüssel!

„Endlich habe ich den Schlüssel, um dauerhaft Gewicht zu verlieren, ohne mich verbiegen zu müssen", sagte einmal eine Klientin zu mir. Der Satz ist mir in Erinnerung geblieben. Er steht für die Begeisterung der vielen Klienten, die mit meinem Drei-Säulen-Konzept von „Jetzt leben lernen" gelernt haben, ganzheitlich und gesund zu leben, dabei hoch motiviert zu bleiben und zugleich ihren eigenen Weg zu gehen.

Damals, 2004, hatte ich eine Vision, einen Traum: Ich wollte Menschen dabei helfen, wieder zu ihrer Kraft zu finden und sie im Alltag zu leben. Dafür habe ich mich selbständig gemacht und meinen sicheren Job in der Versicherungsbranche aufgegeben. Ich qualifizierte mich umfassend in einem ganz neuen Arbeitsbereich, bildete mich zur Gesundheitsberaterin, Yogalehrerin und Heilpraktikerin für Psychotherapie weiter. Heute lebe ich diesen Traum und dafür bin ich dankbar.

Menschen und die Wirkungsweisen von Körper und Psyche sind hochgradig komplex. Nur mit einem Vorgehen, das Ernährung, Bewegung und psychische Stärke gleichermaßen berücksichtigt, können wir langfristig mit Kraft unseren Weg gehen. Mit meinem Ansatz hole ich Menschen in ihren verschiedenen Lebensbereichen an der entsprechenden Stelle ab und werde damit ihrer Komplexität gerecht.

Mein großes Ziel bei meiner Arbeit ist es, dass Menschen (wieder) lernen, für sich zu sorgen und dabei Power, Kraft und Stärke aufbauen. Das ist auch das Ziel, das ich mit diesem Buch verfolge. Deshalb habe ich mich entschlossen, hier mein Wissen und meine Erfahrungen zu teilen, die ich mit Hunderten von Klienten gesammelt habe.

Das Buch richtet sich sowohl an Coaches und Seminarleiter, die ihr Klientel auf dem Weg zu ganzheitlicher Gesundheit und Gewichtsreduktion mit neuen Ansätzen begleiten wollen. Ebenso spreche ich damit Menschen an, die diesen ganzheitlichen Ansatz selbst leben möchten. So praxisnah wie möglich habe ich alle Fragebögen und

Checklisten – zum Beispiel für das Erstgespräch – sowie Kopiervorlagen und Informationsblätter bereitgestellt.

Mit meiner Hypnose-CD „Alltagsstress aus" können Sie die Arbeit parallel zu dem Buch vertiefen: Die Hypnosereisen auf der CD versorgen Ihr Unterbewusstsein mit kraftvollen Suggestionen und helfen dabei, Hemmungen abzubauen und neue Frische, Kraft und Energie zu tanken. Sie können die CD über meine Homepage www.jetzt-leben-lernen.de bestellen.

Lernen ist ein lebenslanger Prozess. Ich will weiter lernen und immer besser werden. Deshalb freue ich mich über Ihr Feedback und Ihre Fragen: info@jetzt-leben-lernen.de

Ich wünsche Ihnen viel Erfolg und Freude bei Ihrer Arbeit mit den Themen, die uns alle so zentral bewegen: Gesundheit, Leben mit Leichtigkeit und innere Stärke.

Elke Drescher-Herndl   *Berlin, im September 2012*

Inhaltsverzeichnis

Inhaltsverzeichnis

I. Allgemeine Information

Der Mensch als Industriebetrieb

„Ob Du glaubst Du kannst es oder Du kannst es nicht, Du hast immer Recht"
(Henry Ford)

Was wollen wir gemeinsam erreichen? Gesund und vital bis ins hohe Alter!

Irgendwann gibt es einen Zeitpunkt im Leben jedes Einzelnen mehr über sich und seine Lebensweise, seine Gesundheit nachzudenken.
Mit diesem Programm wird die Komplexität des Menschen betrachtet, angenommen und Veränderungen auf 3 Hauptbereichen, die das Ganze formen, durchgeführt. Denn…..

Nur eine Veränderung in der Ernährung bringt auf Dauer nicht die Veränderung und nur Bewegung beinhaltet ebenfalls einen Grundstein des Mangels.
Auch die innere Einstellung zu sich selbst, sich selbst anzunehmen und zu stärken ist eine unabdingbare Säule, wenn die Veränderung dauerhaft stabil bleiben möchte.

So betrachten wir Ihr Leben im Bereich:

Ein auf sich vertrauender Mensch, mit innerer Selbststärke, der sich mit Freude bewegt und sich gesund ernährt…. das ist das **Ziel**!

Die drei Säulen sind die Grundpfeiler für diesen ausgeglichenen, gesunden und glücklichen Menschen.
Der Stoffwechsel wird entfacht und läuft wieder auf Hochtouren.
Stellen Sie sich folgendes vor: ein Feuer, das dauerhaft brennen soll und zu Beginn wunderbar brennt und Wärme bringt wird mit feuchtem Holzscheiten gespeist. Was geschieht mit dem Feuer??? Ja, es qualmt, brennt nicht mehr richtig und brodelt vor sich hin. Richtig?!
Es ist nur wieder neues, trockenes Holz das richtige Holz auf das Feuer zu geben und es wird lodern und Wärme spenden….

Viel Freude dabei Ihr Feuer und Ihren Stoffwechsel wieder in Flammen zu setzen.

Wie gestalten Sie einen Kurs: Über einen Zeitraum von 7 Wochen treffen Sie sich einmal wöchentlich. Je Kurseinheit kalkulieren Sie 2 Stunden.

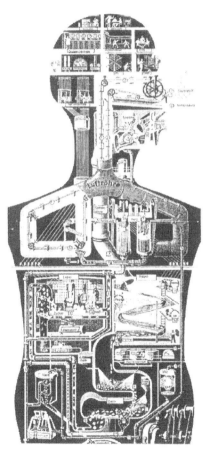

Der Mensch als Industrie-Betrieb

1 Nase
2 Nasenmuscheln
3 Kehlkopf
4 Bronchien
5 Lunge
6 Lungenvene
7 linke Herzkammer
8 aufsteigende Schlagader
9 absteigende Schlagader
10 Bauchspeicheldrüse
11 Milz
12 Muskulatur
13 Körperschlagader
14 Knochenmark
15 Niere
16-18 Venensystem
19 rechte Herzkammer
20 Lungenschlagader
21 Luftröhre
22 Nase
23 Kohlensäure n. aussen

a Zunge und Lippen
b Schneidezähne
c Mahlzähne
d Speiseröhre
e Magen
f Salzsäure
g Pepsin
h Lab
i Magenpförtner
j Galle
k Bauchspeicheldrüse
l Darm
m Darmzotten
n Lymphgefäße
o Blut
p Eiweiß
q Kohlenhydrate
r Pfortadersystem
s Kohlenhydrate ausgesondert
t Glykogen
u Zucker
v Eiweiß
w Harnstoff
x Gifte
y Blutkörperchen
z Lebervene

Wir atmen sechszehnmal in der Minute und essen drei- bis fünfmal am Tag. Damit erhalten wir uns am Leben. Damit setzen wir aber zugleich jene gewaltigen und komplizierten Lebensprozesse in Gang, die das vorangegangene Bild mit einem Vergleich aus der Industrie und Technik darstellt. Und selbst dieser Vergleich, der das Leben nüchtern durch Maschinen und Apparaturen zu erklären sucht, lässt das geheimnisvolle Wunder des Körpers, das dahintersteckt, nur ahnen.

Auch ein oberflächlicher Blick auf dieses Bild genügt, um zu erkennen, dass bereits eine geringere Störung unabsehbare Folgen nach sich ziehen kann. Wenn in einem Industriebetrieb alles „wie geschmiert" laufen soll, muss rechtzeitig dafür gesorgt werden, dass keine Stockungen in der „Verarbeitung" auftreten, und jede Störung muss so schnell wie möglich beseitigt werden.

Was geschieht in diesem Betrieb?

Der Sauerstoff wird durch die Nase (1) aufgenommen und über die Nasenmuscheln (2) und den Kehlkopf (3) zu den Bronchien (4) weitergeleitet. In der Lunge (5) beladen sich die Blutkörperchen mit ihm, die ihn durch die Lungenvene (6) in die linke Herzkammer (7) befördern. Das Herz treibt, das sauerstoffreiche Blut in die große Schlagader, die sich in einen aufsteigenden (8) und einen absteigenden Ast (9) teilt. Mit Hilfe dieses Adersystems werden die einzelnen Organe mit Sauerstoff versorgt, z.B. die Bauchspeicheldrüse (10), die Milz (11), die Muskulatur (12), ferner über andere Verzweigungen der Körperschlagader (13) das Knochenmark (14) und die Niere (15). In allen diesen Organen wird der Sauerstoff abgeladen. Dafür nehmen die Blutkörperchen Kohlensäure auf und bringen sie durch ein anderes Blutgefäßsystem, das Venensystem (16, 17, 18), in die rechte Herzkammer (19) zurück. Das Herz pumpt das „schmutzige", kohlensäurereiche Blut durch die Lungenschlagader (20) in die Lunge. Dort wird die Kohlensäure über die Luftröhre (21) und die Nase (22) nach außen (23) abtransportiert.

Die Speisen werden von Zunge und Lippen (a) erfasst, von Schneidezähnen (b) und Malzähnen (c) zerkleinert und über die Speiseröhre (d) in den Magen (e) befördert. Dort werden Verdauungssäfte – Salzsäure (f), Pepsin (g) und Lab (h) – aus Drüsen abgeschieden und mit den Speisen vermischt. Der Magenpförtner (i) entlässt von Zeit zu Zeit Speisebrei in den Darm, wo die Säfte der Galle (j), der Bauchspeicheldrüse (k) und des Darmes (l) für die Weiterverarbeitung sorgen. Die Fettstoffe werden über die Darmzotten

(m) an die Lymphgefäße (n) abgegeben, die sie in das Blut (o) weiterleiten. Eiweiß (p) und Kohlenhydrate (q) jedoch das sogenannte Pfortadersystem (r) auf und schafft sie in die Leber. Die Kohlenhydrate (Stärke) werden ausgesondert (s) und in einer besonderen Stärkeform, dem Glykogen, gespeichert (t). Auf Abruf wird das Glykogen als energiespendender Zucker (u) ins Blut geschickt. Auch das Eiweiß (v) wird in der Leber verwandelt, zum Teil in Harnstoff (w) überführt. Gifte (x) und zugrunde gehenden Blutkörperchen (y) wandern mit der Galle wieder in den Darm. Die gereinigten Nährstoffe aber treten durch die Lebervene (z) den Weg in den Körper an.

II.   Erste Einheit

Fragebogen zur Körpertypermittlung

Anamnesebogen

Allgemeine Veränderungen

Fragebogen zur Ermittlung des Körpertyps

1. Wenn ich zunehme, nehme ich überall am Körper zu.

2. Ich war immer eher „athletisch" gebaut, aber in letzter Zeit haben sich die Kilos langsam abgesetzt.

3. Nachdem ich meine Schulausbildung abgeschlossen hatte, konnte ich praktisch alles essen, was ich wollte ohne nur ein bisschen zuzunehmen.

4. Egal, wie wenig ich esse, ich nehme trotzdem zu.

5. Seit ich zurückdenken kann, war es immer schon so, dass ich Essen bloß „ansehen" musste, und schon nahm ich zu.

6. Wenn ich nur eine Stunde später als gewohnt esse, verspüre ich wahren Heißhunger.

7. Auch wenn ich all das Fett verlieren würde, das ich wollte, wäre ich nie dünn wie ein Model. Ich habe mehr „Fleisch" auf dem Körper.

8. Ich habe viel Energie. Andere Leute wundern sich immer, wie schnell ich mich durch die Welt bewege.

9. Meist kann ich mein Gewicht mit Hilfe von Kleidung verbergen, aber ich würde mich nicht in einem Badeanzug zeigen.

10. Ich habe zu Mahlzeiten fast nie Hunger.

11. Übergewicht betrifft meine gesamte Familie.

12. Ich werde bald nach dem Essen wieder hungrig.

13. Wenn all das überschüssige Fett aus meinem Körper verschwinden würde, würde ich großartig aussehen.

14. Wenn all das überschüssige Fett aus meinem Körper verschwinden würde, würde ich dünn oder knochig aussehen.

15. Um meinen Idealkörper zu erlangen, müsste ich folgendes verlieren: **Frauen 1-2 Kleidergrößen/ Männer 5-10 cm an der Taille.**

16. Um meinen Idealkörper zu erlangen, müsste ich folgendes verlieren: **Frauen 3-4 Kleidergrößen/ Männer an der Taille 20 cm.**

17. Um meinen Idealkörper zu erlangen, müsste ich folgendes verlieren: Frauen 5 oder mehr Kleidergrößen/ Männer 20 cm oder mehr an der Taille.

18. Wenn ich über 2-3 Stunden lang nichts esse, werde ich zittrig oder nervös.

19. Teile meines Körpers sind zu muskulös (Pobacken, Oberschenkel, Arme etc.).

20. Ich möchte gleichzeitig abnehmen und Muskeln zulegen, die meinen Körper Form und Ausprägung verleihen.

21. Ich habe erst Gewichtsprobleme bekommen, als ich älter wurde oder Kinder bekam.

22. Ich habe die meiste Zeit sehr geringe Energie.

23. Ich befürchte, dass mein Übergewicht meine Gesundheit beeinträchtigt.

24. Wenn ich längere Zeit nichts esse, empfinde ich Panik.

25. Seit ich zurückdenken kann, war ich nie so dünn, dass man mich als dünn oder mager bezeichnet hätte.

26. Teile meines Körpers sind zu dünn.

27. Wenn ich mehr Bewegung mache, verliere ich rasch Fett.

28. Ich muss überall an meinem Körper Fett verlieren.

29. Aufgrund meines Übergewichtes fällt mir jede Art von Bewegung schwer.

30. Wenn ich nicht zeitgerecht esse, kann ich nicht kontrollieren, was ich bei der nächsten Mahlzeit zu mir nehme.

31. Obwohl ich mehr Fett am Körper habe, als mir lieb ist, ist mein Körper darunter noch immer ziemlich fest (hart oder fest, wenn ich meine Muskeln anspanne).

32. Zu bestimmten Zeiten meines Lebens (nicht, als ich noch Kind war), haben mir Leute gesagt: „ Du solltest etwas zunehmen, Du siehst zu dünn aus."

33. Teile meines Körpers sind **nicht** übergewichtig.

34. Ich esse derzeit nur ein- bis zweimal am Tag.

35. Ich habe beinahe mein ganzes Leben lang ein schwerwiegendes Gewichtsproblem.

36. Wenn ich zu schnell aufstehe, werde ich manchmal schwindelig und benommen.

37. Müsste ich mich als körperlich „stark" oder „schwach" einstufen, würde ich mich als „stark" einstufen.

38. Müsste ich mich als körperlich „stark" oder „schwach" einstufen, würde ich mich als „schwach" einstufen.

39. Ich neige dazu an bestimmten Stellen zuzunehmen (Bauch, „Schwimmreifen", Oberschenkel etc.), während der Großteil meines Körpers „normal" bleibt.

40. Ich habe im Verlauf meines erwachsenen Lebens immer wieder Diäten gemacht.

41. Ich glaube, dass ich genetisch dazu verdammt bin „fett" zu sein, und dass ich immer „fett" bleiben werde.

42. Wenn ich Sport gemacht habe, fühle ich mich danach oft extrem hungrig.

43. Wenn ich meinen Arm beuge, kann ich Muskeln fühlen.

44. Ich bin nicht so sehr übergewichtig; meinem Körper fehlt es eher an Form und Definition.

45. Ich habe erst in den letzten drei bis fünf Jahren Gewichtsprobleme bekommen.

46. Ich war einmal sehr athletisch gebaut, aber jetzt erkenne ich kaum meinen eigenen Körper wieder.

47. Müsste ich eine Form wählen, die meinen Körper beschreibt, würde ich am ehesten „rund" sagen.

48. Wenn ich sehr angespannt oder ängstlich bin, beruhige ich mich, wenn ich einen Schokoladenriegel, Brot oder Nudeln esse.

Allgemeine Veränderungen bis zur nächsten Einheit

Anwenden und Erfahren lassen.
Erfahrungen aufschreiben lassen.

❖ Pro kg Körpergewicht mind. 30 ml trinken (Wasser – möglichst still, Tee – Kräuter oder Früchte, Grün oder Roibusch).
❖ Salzverzehr reduzieren und möglichst umstellen auf ein gutes Steinsalz (Himalaya).
❖ Am Abend auf Brot, Brötchen, Nudeln und Kartoffeln verzichten, wenn jedoch bis 18 Uhr die letzte Mahlzeit eingenommen wird, dann ist auch das möglich, jedoch möglichst keine Produkte aus Weizenmehl (Empfehlung: Pumpernickel, Reistaler oder Roggenknäckebrot).
❖ Den Tag so einteilen, dass drei Hauptmahlzeiten und zwei Zwischenmahlzeiten eingenommen werden.
❖ Auf die Süße ist zu achten. Das bedeutet umstellen von Süßstoff oder Zucker auf Honig, Agavendicksaft oder Stevia.
❖ Kaffeegenuss auf drei Tassen reduzieren - Kaffee produziert Insulin.
❖ Schweinefleisch aus dem Ernährungsprogramm streichen (zu hohe Säurebildung).
❖ Alkohol speziell Wein am Abend in Tee oder Wasser wandeln.
❖ Suchen Sie sich eine Art der Bewegung als Ziel – drei Mal wöchentlich.
❖ Mindestens eine halbe Stunde Bewegung (flotter Spaziergang, Walking, Laufen usw.).
❖ Bei Neigung zur Verstopfung: Ayurvedisches Wasser trinken oder ca. 3 eingeweichte Pflanzen auf nüchternen Magen essen
❖ Autosuggestion jeden Tag.
„Definieren Sie Ihren Glaubenssatz", z.B. „ich fühle mich fett!" und formulieren Sie die ersten drei Wochen.
„Obwohl ich (fett oder ….) bin, nehme ich mich an und akzeptiere mich so, wie ich bin" (täglich und besonders kurz vor dem Einschlafen), zusätzlich ein Tagebuch führen und aufschreiben „Was habe ich heute Schönes erlebt?"

Es gibt immer mal einen Tag, an dem man „sündigt".

► Darum führen Sie für die Teilnehmer eine **Hauschance** ein: einmal pro Woche zusätzlich zur veränderten Nahrungsaufnahme führen Sie einen Entlastungstag ein. Das bedeutet den ganzen Tag Obstsäfte und Obst bzw. Gemüsesäfte und Gemüse. Bis 14 Uhr sollte überwiegend Obst und ab 14 Uhr nur noch Gemüse verzehrt werden. Warme Gemüsesuppen sind sehr zu empfehlen!

7 Wochen Zielplanung

Tag des Beginns:					
Oberschenkel		Gewicht	Oberarm	Taille	Hüfte
1.Woche Oberschenkel	Zielgew.	Ist-Gewicht	Oberarm	Taille	Hüfte
2.Woche:					
3. Woche:					
4. Woche:					
5. Woche:					
6. Woche:					
7. Woche					

Größe in Metern

kg	1,56	1,60	1,64	1,68	1,72	1,76	1,80	1,84	1,88	1,92	1,96	2,00	
110	45	43	41	39	37	36	34	33	31	30	29	28	
109	45	43	41	39	37	35	34	32	31	30	28	27	
108	44	42	40	38	37	35	33	32	31	29	28	27	
107	44	42	40	38	36	35	33	32	30	29	28	27	
106	43	41	39	38	36	34	33	31	30	29	28	27	
105	43	41	39	37	35	34	32	31	30	28	27	26	
104	43	41	39	37	35	34	32	31	29	28	27	26	
103	42	40	38	36	35	33	32	30	29	28	27	26	
102	42	40	38	36	34	33	31	30	29	28	27	26	
101	42	39	38	36	34	33	31	30	29	27	26	25	
100	41	39	37	35	34	32	31	30	28	27	26	25	
99	41	39	37	35	33	32	31	29	28	27	26	25	
98	40	38	36	35	33	32	30	29	28	27	26	25	
97	40	38	36	34	33	31	30	29	27	26	25	24	
96	39	37	36	34	32	31	30	28	27	26	25	24	
95	39	37	35	34	32	31	29	28	27	26	25	24	
94	39	37	35	33	32	30	29	28	27	25	24	24	
93	38	36	35	33	31	30	29	27	26	25	24	23	
92	38	36	34	33	31	30	28	27	26	25	24	23	
91	37	36	34	32	31	29	28	27	26	25	24	23	
90	37	35	33	32	30	29	28	27	25	24	23	23	
89	37	35	33	32	30	29	27	26	25	24	23	22	
88	36	34	33	31	30	28	27	26	25	24	23	22	
87	36	34	32	31	30	28	27	26	25	23	22	22	
86	35	34	32	30	29	28	27	25	24	23	22	22	
85	35	33	32	30	29	27	26	25	24	23	22	21	Übergewicht:
84	35	33	31	30	28	27	26	25	24	23	22	21	Dringend
83	34	32	31	29	28	27	26	25	24	23	22	21	abnehmen!
82	34	32	30	29	28	26	25	24	23	22	21	21	
81	33	32	30	29	27	26	25	24	23	22	21	20	
80	33	31	30	28	27	26	25	24	23	22	21	20	
79	32	31	29	28	27	26	24	23	22	21	21	20	
78	32	30	29	28	26	25	24	23	22	21	20	20	
77	32	30	29	27	26	25	24	23	22	21	20	19	Starkes
76	31	30	28	27	26	25	23	22	21	21	20	19	Übergewicht:
75	31	29	28	27	25	24	23	22	21	20	20	19	Abnehmen
													wäre
74	30	29	28	27	25	24	23	22	21	20	20	19	ratsam!
73	30	29	27	26	25	24	23	22	21	20	19	18	
72	30	28	27	26	24	23	22	21	20	20	19	18	
71	29	28	26	25	24	23	22	21	20	19	18	18	
70	29	27	26	25	24	23	22	21	20	19	18	18	
69	28	27	26	24	23	22	21	20	20	19	18	17	
68	28	27	25	24	23	22	21	20	19	18	18	17	Leichtes
67	28	26	25	24	23	22	21	20	19	18	17	17	Übergewicht:
66	27	26	25	23	22	21	20	19	19	18	17	17	Aufgepasst!
65	27	25	24	23	22	21	20	19	18	18	17	16	
64	26	25	24	23	22	21	20	19	18	17	17	16	
63	26	25	23	22	21	20	19	19	18	17	16	16	
62	25	24	23	22	21	20	19	18	18	17	16	16	Normalgewicht:
61	25	24	23	22	21	20	19	18	17	17	16	16	Freuen Sie
60	25	23	22	21	20	19	19	18	17	16	16	15	sich!
59	24	23	22	21	20	19	18	17	17	16	15	15	So soll es sein.
58	24	23	22	21	20	19	18	17	16	16	15	15	
57	23	22	21	20	19	18	18	17	16	15	15	14	
56	23	22	21	20	19	18	17	17	16	15	15	14	
55	23	21	20	19	19	18	17	16	16	15	14	14	
54	22	21	20	19	18	17	17	16	15	15	14	14	
53	22	21	20	19	18	17	16	16	15	14	14	13	Untergewicht:
52	21	20	19	18	18	17	16	15	15	14	14	13	Achtung!
51	21	20	19	18	17	16	16	15	14	14	13	13	Bei weniger als
50	21	20	19	18	17	16	15	15	14	14	13	13	18 zunehmen!

Quelle: Fit for Fun, 4/95. S.122

17

Sie denken, dass Sie nicht viel Zucker oder Salz essen...?

Gefahren von zu hohem Salzverzehr

Wenn jemand nicht das Salz zum Brot hat, so mag das ein bedauernswerter Zustand sein. Der Ausdruck stammt aus früheren Zeiten und bezeichnete bittere Armut. Heute sind wir in dieser Beziehung viel zu reich, denn wir haben alle unser Salz zum Brot – allerdings mehr als wir brauchen. Der durchschnittliche Verzehr von Natriumchlorid (Speisesalz) liegt ungefähr zwischen 5 und 15 g täglich. Und zu viele von uns nehmen mehr als 15 g Salz zu sich.

Zu hoher Salzverzehr kann zu Bluthochdruck führen, was wiederum die Gefahr für Herzerkrankungen vergrößert; selbst Migräneschmerzen kann Salz verursachen. Es hält außerdem Flüssigkeit im Körper zurück was Benommenheit und ein Anschwellen der Beine zur Folge hat. Auch kann es die Ursache dafür sein, dass Kalium mit dem Urin verlorengeht. Daneben kann viel Salz in der Kost schaden, wenn es die richtige Auswertung von Eiweiß behindert. Neuere Forschungsergebnisse weisen darauf hin, dass zu viel Natrium in der Kost und ein unausgewogenes Kalium-Natrium-Verhältnis als hohe Risikofaktoren für Darmkrebs, speziell bei Männern, zu betrachten sind.

Verborgene Salze

Wenn Sie keine Salzbrezeln und Salzstangen essen und keinen Salzstreuer auf dem Tisch haben, bedeutet das noch lange nicht, dass Sie nicht doch mehr Salz aufnehmen, als Sie eigentlich sollten. Die salzigen Fallen sind dem Blick ebenso verborgen wie die süßen.

- ❖ Halten Sie sich beim Bier zurück (es enthält 15 mg Natrium auf 0,3l).
- ❖ Vermeiden Sie beim Kochen die Verwendung von Speisenatron, Natriumglutamat und Backpulver. In vielen Suppen- und Saucenerzeugnissen ist Natriumglutamat als Geschmacksverstärker enthalten.
- ❖ Viele Abführmittel enthalten Natrium.
- ❖ Verwenden Sie kein Wasser zum Trinken oder Kochen, das durch einen Enthärtungsfilter gelaufen ist: er setzt dem Wasser Natrium zu.

- ❖ Wenn Sie auf einem Etikett die Zutaten nachlesen, achten Sie auf die Angabe „Salz" oder „NaCl" (die chemische Formel für Salz).
- ❖ Tomatensaft ist zwar kalorienarm, enthält aber viel Salz.
- ❖ Essen Sie möglichst wenig geräuchertes Fleisch, wie Schinken, Speck, Corned Beef, keine Wiener oder anderen Würste, Schalentiere oder Fleisch, Geflügel und Fisch in Dosen oder tiefgefroren, denen Salz hinzugefügt wurde.
- ❖ Fragen Sie im Restaurant nach einem ungesalzenen Schnitzel oder Steak. Haben Sie Mut Ihre Bitte im Restaurant zu äußern.
- ❖ Achten Sie auf das Mineralwasser, das Sie trinken, wenn Sie salzarm leben wollen, denn es hat zwar keine Kalorien, aber oft viel Salz.
- ❖ Beachten Sie, dass zwei Scheiben von den meisten industriell gefertigten Brotsorten (auch Vollkorn- oder Diätbrot) ungefähr 230 mg Salz enthalten.

Salzgehalt einiger Lebensmittel

In der folgenden Übersicht finden Sie ein paar Beispiele für den Natriumgehalt einiger gängiger Lebensmittel. Die Angaben gelten für 100g.

H-Milch, fettarm	48 mg
Magermilchjoghurt	50mg
Tilsiter, 45% Fett i. Tr.	779 mg
Camembert, 45% Fett i. Tr.	975 mg
Speisequark, mager	40 mg
Margarine	101 mg
Schalentiere, frisch	116 mg
Hering, frisch	117 mg
Karpfen, frisch	30 mg
Heringsfilet in Tomatensauce	526 mg
Krabben in der Dose	1000 mg
Brathähnchen	83 mg
Kalbsleber	87 mg
Corned Beef	833 mg

Rindfleisch in der Dose	600 mg
Speck, durchwachsen	1770 mg
Bockwurst	700 mg
Dosenwürstchen	711 mg
Salami, deutsche	2080 mg
Roggenbrot	523 mg
Weizenbrot	551 mg
Pumpernickel	370 mg
Salzstangen	1800 mg
Bohnen, in Dosen	249 mg
Erbsen, in Dosen	222 mg
Datteln, getrocknet	35 mg
Oliven, grün, mariniert	2250 mg
Sojasauce (1 Teelöffel)	1320 mg

Abgekochtes Wasser als Heilmittel im Ayurveda

Gekochtes Wasser unterstützt den Verdauungsprozess und fördert die Ausleitung von Schlackenstoffen.

Im Ayurveda wird die Bedeutung von abgekochtem Wasser als optimale Verdauungshilfe hervorgehoben.

Man hat festgestellt, dass nicht mehr abgekochtes Wasser eine längere Zeit benötigt, um vom Körper absorbiert zu werden, sich im Verdauungsprozess nützlich zu machen und um schließlich für die Ausleitung der Schlackenstoffe zu sorgen.
Abgekochtes Wasser beschleunigt und optimiert diesen Prozess um die Hälfte. Je länger das Wasser gekocht wird, so dass nur noch die Hälfte übrig bleibt, desto hilfreicher wird es für den Organismus.
Bewährt hat sich die Empfehlung, dass Wasser mindestens 10 Minuten köcheln zu lassen. **Achten Sie jedoch beim Wasserkochen darauf, dass Sie einen Emaille- oder Glastopf verwenden und keinen Edelstahltopf, damit sich keinen großen Mengen Nickel oder Chrom im Wasser anreichern können.**

Durch langes Erhitzen wird das Wasser zu einem optimalen Lösungs- und Reinigungsmittel und erhält eine Struktur, die mehr dem Wasser in unseren Zellen entspricht. Seine Wasserstoffbrückenbindungen werden gelöst und die H_2O – Cluster verkleinert. So werden die Wassermoleküle viel leichter in die Zellen aufgenommen, die nun optimaler entgiften können.

Diese Wirkung lässt sich noch zusätzlich verstärken, wenn das Trinkwasser mit etwas frischer Ingwerwurzel abgekocht wird.

Gekochtes Wasser ist immer zu empfehlen, ganz besonders jedoch bei Krankheiten und Schwächungen des Immunsystems. Wer ein Bedürfnis nach kaltem Wasser hat, kann es in einem Tontopf in frischer Luft abkühlen lassen; die Warmwasserkur hat aber in jedem Fall mehr Effekt.

Ein Glas warmes Wasser morgens und abends hilft bei Gelenk- und sonstigen Schmerzen. Warmes Wasser stärkt die Verdauung, reduziert Verschlackungen und Übersäuerung im Körper, reinigt die Blase, hilft bei Husten und Fieber und fördert die Gesundheit in jeder Hinsicht. Dieses Wasser hilft allgemein bei Schwindelgefühl, Brechreiz, Verdauungsbeschwerden und Trägheit, es beseitigt die Müdigkeit.

Vor jeder Mahlzeit getrunken, stärkt es die Verdauung!
Deshalb ist es immer besser vor oder nach der Mahlzeit zu trinken und möglichst nicht (wenn nur kleine Mengen) während der Mahlzeit.
Der hohe Stellenwert des Wassers ist nach alter Ayurvedischer Tradition auch darin begründet, dass Wasser in der Lage ist, Eindrücke aus der Umgebung aufzunehmen und weiterzugeben. (Siehe Dr. Emoto)

Wie verhalte ich mich im Restaurant?

Im Allgemeinen sollte ein Restaurant während der 7 Wochen gemieden werden. Dies ist jedoch für die Meisten einfach nicht praktikabel bzw. lässt sich ein Restaurantbesuch manchmal nicht vermeiden.
Auf der Restaurant-Speisekarte finden Sie glücklicherweise auch immer ein Menü, das mit Ihrem Ernährungsplan vereinbar ist.

Mit zunehmendem Ernährungsbewusstsein verlangen Sie dann auch natriumarme Speisen. Es gibt schon viele Restaurants mit gesunden Alternativen und sie kommen Ihren Wünschen entgegen.
Lesen Sie die Speisekarte vor Ihrer Bestellung sorgfältig durch und informieren Sie sich durch Fragen über die Zubereitung und Inhalt der Speisen.

Hinweis: „gegrillte" Speisen können oftmals auf einer Bratvorrichtung zubereitet worden sein, während „Sautiertes" meist in Öl oder Butter gegart wird.

Haben Sie Mut Ihre Wünsche zu äußern.

Restaurants schätzen Ihren Besuch und möchten Sie zufrieden stellen. Daher sind sie auch gerne bereit auf Ihre Wünsche einzugehen. Ihre Bedienung kann Ihnen vielleicht sogar einige Vorschläge unterbreiten. Fragen Sie einfach höflich – trauen Sie es sich zu!

Wenn Sie Ihre Bestellung aufgeben, dann beschreiben Sie Ihre Esswünsche ganz genau.

Wenn Sie sich in Gesellschaft befinden, dann lassen Sie alle anderen zuerst bestellen, damit Sie mit Ihrer Bestellung nicht unter Druck stehen!!!!

Im Laufe der Wochen werden Sie merken dass Ihnen die Umstellung auf eine gesündere Ernährung immer leichter fällt.

<u>**Erster Schritt zur Selbststärkung - Step one**</u>

- Problem spezifizieren

- <u>Variante 1</u>: Bei diesem Problem bleiben und es mantren-artig wiederholen, eingebettet in folgender Formulierung…

- <u>Variante 2</u>: Mit diesem Problem starten und alle weiteren Assoziationen und Glaubensstärke einbetten in folgende Formulierung…

- Obwohl ich………. Achte ich mich und nehme mich genau so an, wie ich bin."

- Während der gesamten Zeit mit Knietepps oder Butterfly bilateral stimulieren.

<u>Anm.</u>: Danach als Hausaufgabe über 3 Wochen: immer, wenn ein Gedanke/Glaubenssatz auftaucht, der mit dem Ausgangsthema

zusammenhängt, ihn mit dieser Methode bearbeiten (Butterfly oder Knietepps). Diese Technik bearbeitet u.a. den Aspekt der psychologischen Umkehrung. (Tepping, bedeutet abwechselnd mit den Handflächen oberhalb der Knie oder im Butterfly die Oberarme berühren, als wären die Handflächen die Trommelstöcker und oberhalb der Knie und/ oder Oberarme die resonanzerzeugende Fläche der Trommel. Es werden durch diese Art des Klopfens beide Gehirnhälften bilateral stimuliert und die Bildung einer neuen neuronalen Bahn aktiviert, forciert.(siehe EMDR Technik)

Nach dem Ablauf der ersten 3 Wochen folgt der nächste Schritt:
First Step to Change. (siehe Seite 91)

III. Rund um den Körpertyp

   Körpertypermittlung

   Körpertypbeschreibung

   Ernährungspläne

„Wenn Du lernen willst zu tun, dann lernst
Du es nur,
indem Du es tust!"

Ermittlung des Körpertyps

Nun zählen Sie die Antworten in der nachfolgenden Tabelle zusammen.

I	II	III	IV	V	VI
1	2	3	4	5	6
7	8	9	10	11	12
13	14	15	16	17	18
19	20	21	22	23	24
25	26	27	28	29	30
31	32	33	34	35	36
37	38	39	40	41	42
43	44	45	46	47	48

Wenn fünf oder mehr Kreuze in Spalte **V** sich ergeben dann haben Sie es mit einem **Körpertyp I** zu tun.

Wenn nicht, sehen Sie sich die Spalte **I** und **II** an uns stellen fest, welche dieser zwei Spalten die höchste Anzahl an Kreuzen hat.

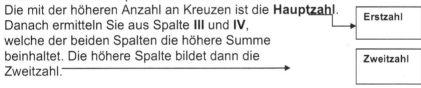

Die mit der höheren Anzahl an Kreuzen ist die **Hauptzahl**. → Erstzahl

Danach ermitteln Sie aus Spalte **III** und **IV**, welche der beiden Spalten die höhere Summe beinhaltet. Die höhere Spalte bildet dann die → Zweitzahl

Zweitzahl.

Sollten in Spalte **I** und **II** je dieselben Summen ermittelt werden, dann ist die **Erstzahl** immer **I**. Sollten **III** und **IV** je dieselben Summen ergeben, dann ist die **Zweitzahl** immer **IV**.

Nun verwenden Sie die Erst- und Zweitzahl um die entsprechenden Körpertypen zu ermitteln:

Erstzahl **I** und Zweitzahl **IV**   =   **Körpertyp II**
Erstzahl **I** und Zweitzahl **III**   =   **Körpertyp III** ●
Erstzahl **II** und Zweitzahl **IV**   =   **Körpertyp IV**
Erstzahl **II** und Zweitzahl **III**   =   **Körpertyp V**

Sind in Spalte VI mehr als zwei Kreuze aufgeführt, neigt die entsprechende Person eventuell zu niedrigem Blutzucker/ Hypoglykämie.

Hier müssen mehr „gute Kohlenhydrate" in den Ernährungsplan eingearbeitet werden.

Ist die Aussage **36** angekreuzt, dann neigt oder hat die entsprechende Person möglicherweise niedrigen Blutdruck.

Hier ist es dann wichtig, darauf hinzuweisen, dass Natrium nicht zu sehr reduziert wird, bzw. auf jeden Fall umgestellt wird auf Himalaya Salz und empfehlenswert ist hier eine Sole Trinkkur:

Himalaya Salzbrocken in Wasser geben - jeden Morgen einen Esslöffel in ein Glas Wasser geben und trinken.

Blättern Sie nach der Ermittlung Ihres Körpertyps in diesem Buch zu den, für Sie zutreffenden Ernährungsplänen und beachten Sie die für Sie zutreffende Körpertybeschreibung I – IV. Beachten Sie darüber hinaus die Trennung zwischen Männer und Frauen und deren Besonderheiten

Körpertypen - Männer

Endomorpher Körpertyp

- Der endomorphe Typ hat im Vergleich zu allen anderen Körpertypen den langsamsten Stoffwechsel.
- Die Stoffwechselrate hat den größten Einfluss darauf, wie der Körper an Gewicht zu- oder abnimmt.
- Oftmals versucht dieser Typ ein Leben lang erfolglos nicht zuzunehmen.
- Im endomorphen Körper ist das Verhältnis von Fett zu fettfreiem Muskelgewebe sehr hoch.
- Der Körper ist oft sehr weich, besitzt viel schlaffes Gewebe und man nimmt sehr leicht zu.
- Sehr oft hat dieser Körpertyp ein ganzes Leben lang Probleme mit dem Gewicht.
- Der Stoffwechsel ist extrem langsam und folglich tendiert der endomorphe Typ mehr als andere Typen zur Fettleibigkeit.
- Diät halten und Bewegungsmangel lassen den Stoffwechsel noch langsamer werden und gehen einher mit einem schlechten Gesundheitszustand.

Empfehlung zur Ernährungsumstellung

- Alle 2-3 Stunden eine Mahlzeit zu sich nehmen. Bis 5 Mahlzeiten im Grundverhältnis: je Mahlzeit 100 g Proteine und 165 g komplexe Kohlenhydrate **oder** 100 g Proteine und 80 g Obst **oder** 75 g Proteine und 165 g komplexe Kohlenhydrate und 75 g Gemüse
- L-Carnitin während der Bewegung
- Molkedrinks
- Pro kg Körpergewicht 30 ml am Tag stilles Wasser, Früchte- oder Kräutertees trinken.

Mesomorpher Körpertyp

- Dieser Körpertyp kann problemlos fettfreie Muskeln aufbauen und unterhalten. Dies ist ein Vorteil, da Muskeln Fett verbrennen. Ferner ist der Stoffwechsel nicht so träge, allerdings auch nicht schnell genug, um ihr Gewicht zu halten.
- Die gute Nachricht: Sie besitzen viel Muskelgewebe, das Ihnen hilft, Fett schnell in Energie umzusetzen.
- Sie müssen ganz speziell auf die gewählten Kohlehydratarten und –mengen achten.
- Sie werden sich auf die komplexen Kohlenhydrate konzentrieren, die weniger schnell in Zucker umgewandelt werden und daher Ihren Stoffwechsel nicht weiter verlangsamen können.
- Zudem ist das ausgewogene Verhältnis zwischen Kohlenhydrate und bestimmten Proteinen wichtig.

Empfehlung zur Ernährungsumstellung

- Verteilen Sie Ihre Mahlzeiten auf 5 x am Tag, alle 2-3 Stunden.
- Je Mahlzeit: z.B. 100 g Proteine und 165 g komplexe Kohlenhydrate und 75 g Obst **oder** 100 g Proteine und 75 g komplexe Kohlenhydrate **oder** 100 g Proteine und 165 g komplexe Kohlenhydrate und 75-150 g Gemüse.

Körpertypen - Männer

Ektomorpher Körpertyp

- Als ektomorpher Körpertyp haben Sie Probleme damit, Muskelgewebe aufzubauen und zu erhalten. Muskeln sind die wichtigsten kalorienverbrennenden Bestandteile Ihres Körpers.
- Die Tatsache, dass Ihr Körper weniger Muskelgewebe aufweist, bedeutet dass er nicht so viele Kalorien verbrennen kann.
- Bei diesen Körpertypen verlangsamt sich der Stoffwechsel erst ab dem 30. Lebensjahr und fängt an zuzunehmen.
- Ein großer Teil Ihres Körpers bleibt jedoch sehr dünn.

Empfehlungen zur Ernährungsumstellung

- Verteilen Sie Ihre Mahlzeiten auf 5 x am Tag alle 2-3 Stunden.
- Je Mahlzeit 100-125 g Proteine und 165 g komplexe Kohlenhydrate und 75 g Obst **oder** 100-125 g Proteine und 165 g komplexe Kohlenhydrate und 75-150 g Gemüse.
- Ein Kohlenhydrat-Proteinshake ist empfehlenswert.

Körpertyp I - pyknischer Körperbau (endomorph/ Kapha)

Als Körpertyp – endomorph - haben Sie im Vergleich zu anderen Körpertypen den langsamsten Stoffwechsel. Dieser Typ versucht in der Regel ein Leben lang erfolglos nicht zuzunehmen.
Das Gute an Ihrem Vorhaben mit dieser Lebensumstellung zu beginnen ist, mit diesem Plan haben Sie die Chance, endlich damit aufzuhören Diäten zu halten, zu hungern. Beginnen Sie die Lebensmittel und Nahrungsmittel so einzusetzen, dass Sie Ihren Stoffwechsel in Schwung bringen.
Ihre Stoffwechselrate hat den größten Einfluss darauf, wie Ihr Körper an Gewicht zu- oder abnimmt.

Der Stoffwechsel ist die Rate, mit der Ihr Körper die Nahrung in Energie umwandelt. Wenn Sie etwas zu sich nehmen, dann nutzt Ihr Körper einiges als Brennstoff, scheidet die nutzlosen Elemente aus und speichert den Rest als Körperfett. Je schneller nun Ihr

Stoffwechsel arbeitet, umso schneller nutzt Ihr Körper die Nahrung für Energie und um so weniger wird als Fett gespeichert.

Der „endomorphe" Körper ist durch viel weiches, schlaffes Gewebe gekennzeichnet und er nimmt sehr leicht zu. Das Verhältnis von Fett zu fettfreiem Muskelgewebe ist sehr hoch. Ungeachtet dessen, was man isst, man nimmt einfach zu. Oft hat dieser Typ sein ganzes Leben lang Probleme mit seinem Gewicht.

Der Stoffwechsel ist extrem langsam, und folglich tendiert der „endomorphe" Typ mehr als andere Typen zur Fettleibigkeit.
Durch immer wiederkehrendes Diät halten, was den Stoffwechsel noch langsamer werden lässt, sowie durch Bewegungsmangel, der begleitende Ermüdung und einen schlechten
Gesundheitszustand zur Folge haben kann wird das vorweg dargelegte Problem verschlimmert.
Typ I fühlt sich tatsächlich häufig für seinen Zustand verantwortlich:
Sie führen Ihr Übergewicht auf den Mangel an Disziplin oder auch Gleichgültigkeit zurück.

Tatsache ist jedoch, Sie haben ein Leben lang eifrig versucht abzunehmen, jedoch ist Ihre Stoffwechselrate einfach zu langsam.

Es gibt mehrere Faktoren, die zu einem trägen Stoffwechsel beitragen können. Das sind zum Beispiel Erbanlage/ zunehmendes Alter/ Diäten/ verminderte Bewegung.
In Ihrem Fall spielen die Erbanlagen wahrscheinlich eine große Rolle- vielleicht sind Sie einfach mit einem langsameren Stoffwechsel geboren worden und Ihre Stoffwechselrate verlangsamt sich noch zusätzlich im zunehmenden Alter. Zudem kann es sein- besonders wenn Sie schwer sind- dass Sie Ihre körperliche Betätigung mit zunehmendem Gewicht beträchtlich reduziert haben, was die Sache noch langsamer macht. Haben Sie außerdem über einen längeren Zeitraum kalorienreduzierte, kohlenhydratreiche Diäten gemacht, dann können Sie Ihren Stoffwechsel gekillt haben.

Ein Grund für Übergewicht kann jedoch auch durch eine Disbalance zwischen Kohlenhydratmengen-, und Proteinmengenverzehr und die Art der Makronährstoffe sein, die Sie derzeit zu sich nehmen. Viele Nahrungsmittel, die Sie derzeit zu sich nehmen, teilen möglicherweise Ihrem Körper mit, die aufgenommenen Kalorien als Fett zu speichern, anstatt sie als Brennstoff zu nutzen.

Schnelle Kohlenhydrate = langsamer Stoffwechsel

Aufgrund Ihres langsamen Stoffwechsels sind Sie möglicherweise besonders anfällig für einen rapiden Anstieg des Insulinspiegels in Ihrem Blut. Dies wird auch „Spitzen" Ihres Insulinspiegels genannt. Insulin ist ein Speicherhormon, das die Zuckermenge in Ihrem Blut regulieren soll. Wenn Ihr Insulinspiegel hochschnellt, wird Ihrem Körper signalisiert, dass er die Kalorien, die Sie ihrem Körper zuführen, nicht mehr als Treibstoff verbrennt, sondern als Fett speichern soll, z.B. Nahrungsmittel wie Brot, Einfachzucker oder süße Früchte.

Um dies zu verhindern, müssen Sie als Typ „endomorph" mehr als alle anderen Körpertypen auf die gewählten Kohlehydratarten und – mengen achten.

Langsame Proteine = langsamer Stoffwechsel

Bei Proteinen sieht das Ganze anders aus. Proteine haben keinen unmittelbaren Einfluss auf den Insulinspiegel, und somit stellen schnell umgesetzte Proteine kein Problem dar. Das Gegenteil ist der Fall! Je länger es dauert, dass Proteine in Energie umgewandelt werden, desto größer ist die Wahrscheinlichkeit, dass diese nicht vollständig genutzt werden, sondern auch hier als unverbrauchtes Fett gespeichert werden.

Eine weitere Nahrungsmittelart, die für Ihren Typ problematisch sein kann, ist rotes Fleisch. Dieser Proteintyp ist aus zwei Gründen für Sie bedenklich: selbst das magerste rote Fleisch enthält erheblich mehr Fett als andere Proteinarten, und verlangsamt dadurch ohnehin schon trägen Stoffwechsel. Umso wichtiger ist, dass rotes Fleisch über höhere Konzentrationen von Kreatin, Eisen B12 und bestimmte Aminosäuren verfügt, die eine Vergrößerung des Muskels bewirken können. Dieser Körpertyp ist im Allgemeinen mit reichlich Muskelgewebe gesegnet. Häufig möchte dieser Typ insgesamt seinen Körperumfang reduzieren und große Muskeln durch längere, fettfreie und schlankere Muskeln ersetzen. Da rotes Fleisch eine weitere Vergrößerung Ihrer Problembereiche bewirken kann sind für Sie andere Proteinquellen notwendig (weißes Fleisch).

Körpertyp I Männer- Ernährungsplan

Frühstück	Vormittags	Mittags
4 Eiweiß/ 150 Joghurt + 165 g Haferflocken/165 g Müsli ohne Weizen	½ Grapefruit	200 g, 1 mittelgroße Kartoffel, 75 g grünes oder anderes Gemüse
oder	oder	oder
100 g Putenbrust + 75 g grünes Gemüse	70 g Putenauf-schnltt + 75 g grünes Gemüse	200 g Fisch, 1 mittelgro-ße Kartoffel, 75 g grünes Gemüse
oder	oder	oder
165 g Gerste, Hirse, Haferflocken, Reis oder Reisnudeln, 4 Scheiben Pumpernickel/ 4-6 Reistaler oder Roggenknäcke und 100 g Quark/ 4 Essl. Sojaflocken/ Fruchtaufstrich ohne Zucker/ 4 Scheiben Geflügelwurst	80 g Grapefruit/gem. Beeren/Pfirsich/ Ananas oder Erdbeeren + 100 g fettarmer körniger Hüttenfrischkäse/ Sojajoghurt	200 g Pute/ Garnelen/ Shrimps, 165 g Kartoffel/ Rüben/ Kürbis
oder	oder	oder
150 g Joghurt/ Kefir/ 300 ml Molkedrink + 100 g Beeren, Apfel oder Banane	100 g Grapefruit/ gem. Beeren/ Pfirsich/Ananas/Erd-beeren	175 g Rind (z.B. Rinderhack),165 g Gerste/ Hirse/ Hafer-flocken Reis/ Reisnudeln, 75 g Gemüse

Nachmittags	Abends- bis 19 Uhr
1 Dinkelkeks oder Haferkeks, ¼ Stück Melone (ca. 80 g)	100 g gegrillter Fisch, 1 kleine Kartoffel, 75-150 g Gemüse
oder	**oder**
1 Glas Beerenshake	100 g Fisch, 75-150 g grünes Gemüse
oder	**oder**
1 Glas Fatburnerdrink	100 g Fisch (keine Garnelen/ Lachs), 165 g Gemüse
oder	**oder**
100 g Krabben/ Muscheln/ Garnelen/ Putenbrust, 40 g Obst (Banane/ Apfel/ Melone/ Papaya/ Birne/ Pflaume	75 Krabben/Muscheln/ Garnelen/ Putenbrust, 80 g Gerste/ Hirse/ Haferflocken/ Reis/ Reisnudeln

Körpertyp I Frauen- Ernährungsplan

Frühstück	Vormittags	Mittags
Eiweiß + kompl. KH) 2 gestrichene EL Sojaflocken/ 200-250 ml Sojamilch/ Mandelmilch/ Joghurt/ Kefir + 4 EL Haferflocken/ Gersteflocken/ Buchweizenflocken/ Hirseflocken/ Müsll ohne Weizen	**neutral** ½ - 1 Grapefruit/ 100 g Obst (Beeren/ Pfirsich/ Ananas/ Erdbeeren/ Trockenobst	**Eiweiß + kompl. KH + neutral** 50 g Hühnerbrust + 2 kleine Kartoffel + 150 g und mehr Gemüse
oder	**oder**	**oder**
Eiweiß + neutral 2 Eiweiß v. gekochtem Hühnerei/ gestrichene Essl. Sojaflocken + 150 g grünes Gemüse oder statt Gemüse ½ Grapefruit	**neutral** 150 g grünes Gemüse	**Eiweiß/Protein + kompl. KH + neutral** 50 g Eiweiß/ Schellfisch/ Flunder/ Dorsch + 160-250 g Kartoffel + 50 g Gemüse (roh oder gedünstet)

Frühstück	Vormittags	Mittags
oder	oder	oder
kompl. KH + Eiweiß 2 Reistaler (ohne Salz)/ 2 Vollkornroggenknäckebrot / 1 Scheibe Pumpernickel + etwas Mandelmus/ Nussmuß/ Fruchtaufstrich ohne raff. Zucker/ Honig + ¾ Tasse fettarmer Hüttenkäse/ fettarmer Joghurt/ fettarmer Quark/ Milch/ Soja/ Mandelmilch	**kompl. KH + neutral** 100-125 g fettarmer Joghurt/ fettarmer Frischkäse/ Käse möglichst nicht von Kuh + ½ - 1 Grapefruit/ 100 g Obst (Beeren/ Pfirsich/ Ananas/ Erdbeeren	**Eiweiß/Protein + kompl. KH + neutral** 50 g Heilbutt/ Thunfisch/ Hai/ Rotbarsch + 160-250 g Kürbis/ Süßkartoffel +50 g Gemüse (roh oder gedünstet)
oder	oder	oder
Eiweiß + kompl. KH 50 g Hühnerbrust/ Krabben/ Garnelen/ Putenbrust/ 2-3 Scheiben Schinken- nicht Schwein + 2-3 Scheiben Vollkornroggenknäckebrot / Reistaler/ Pumpernickel	**Eiweiß + neutral** 25-50- g Hühnerbrust/ Krabben/ Schinken (nicht v. Schwein)/ Garnelen/ Putenbrust + 100 g Obst (Grapefruit/ Beeren/ Pfirsich/ Ananas/ Erdbeeren/ Honigmelone	**Eiweiß + kompl. KH + neutral** 50 g Hühnerbrust/ Krabbe/ Hummer/ Muschel/ Garnelen/ Putenbrust/ Putenbrusthackfleisch / Rindslende/ Lamm/ Kalb/ Wild + 160-250 g Gerste/ Hirse/ Haferflocken/Reis/ Reisnudeln/ Maisnudeln/ Vollkornnudeln + 75-150 g und mehr Gemüse

Frühstück: Butter und Pflanzenfett abwechselnd dünn aufs Brot aufgetragen verwenden.

Vormittags: wenn kein Eiweiß verzehrt wird, dann diese Menge bitte in Mittagessen aufnehmen!!!

Körpertyp I Frauen- Ernährungsplan

Nachmittags	Abends- bis 19 Uhr
¼ Melone oder 1 Glas Reismilch	**Eiweiß + neutral** 75 g gegrillter Fisch + 150 g und mehr Gemüse, möglichst gedünstetes, grünes Gemüse
oder	oder
150 g und mehr grünes Gemüse	**Eiweiß + neutral** 1 Becher fettarmer körniger Hüttenkäse + Kräuter, 150 g und mehr Gemüse und Salat
oder	oder
Eiweiß + neutral 50 g Eiweiß nach Geschmack/ 1 Joghurt- möglichst Soja, Ziege oder Schaf + Grapefruit/ Beeren/ Pfirsich/ Ananas/ Erdbeeren oder 1 Glas Fatburnerdrink	Gemüsesuppe und pro Portion 2 Eiweiß reinschlagen oder 2 EL Sojamehl/ Huhn/ Pute (dreimal wöchentlich abends wäre gut!)
oder	oder
Eiweiß + neutral 1 Glas Milch-Mandel-Soja + Pflaumen/ Birne/ Papaya/ Honigmelone/ Apfel/ Banane oder 1 Glas Beerenshake	**Eiweiß/Proteine + neutral** 2 Eiweiß/ 50 g Hühnerbrust/ Krabbe/ Hummer/ Muschel/ Garnelen/ Putenbrust/ Putenbrusthackfleisch/ Rindslende/ Fisch/ Kalb/ Lamm + 150 g und mehr Gemüse/ Salat

Generell: 1 Ei (ohne Eigelb) = ca. 30 g Protein
1 kleiner Apfel, kleine Banane, Pfirsich, Birne = ca. 100 g
1 kleine Kartoffel = ca. 100 g
4 EL. Haferflocken, sonstige Getreideflocken = 80 g

Statt 50g Fleisch, Fisch oder 2 Eiweiß können Sie 2 EL. Sojaflocken nehmen, 1 Essl. Sojamehl fettarm (Fa. Hensel, im Reformhaus erhältlich)¾ Tasse fettarmer körniger Hüttenkäse, 125 g fettarmer Joghurt oder Quark 0,1%, besser fettarmer Sojajoghurt oder Schafsjoghurt, 300 ml Sojamilch Natur, 300 ml Sojamilch Vanille ersetzt eine komplette Zwischenmahlzeit, da es eine Kombination von Kohlenhydraten und Proteinen ist.

Pyknischer-athletischer Körpertyp II (endomorph – mesomorph)-Kapha-Pitta

Als Körpertyp endomorph-mesomorph kann Ihr Körper problemlos fettfreie Muskel aufbauen und unterhalten. Das ist Ihr Vorteil, da Muskeln Fett verbrennen. Leider ist der Stoffwechsel jedoch erheblich langsamer als bei vielen anderen Körpertypen – und das ist der Grund, warum Sie an Körpergewicht zunehmen.

Als dieser Typ besitzen Sie, und das ist die gute Nachricht, viel Muskelgewebe, das Ihnen hilft, Fett schnell in Energie umzusetzen. Sobald Sie sich mit den Lebensmitteln Ihres persönlichen Ernährungsplanes in der richtigen Kombination ernähren, erhöht sich Ihre Stoffwechselrate und ein schneller Gewichtsverlust kann erfolgen. Nach Ende des Programms können Sie so auch Ihr Gewicht halten.

Ihre Stoffwechselrate hat den größten Einfluss darauf, wie Ihr Körper an Gewicht zu- oder abnimmt.

Der Stoffwechsel ist die Rate, mit der Ihr Körper die Nahrung in Energie umwandelt.

Wenn Sie etwas zu sich nehmen, dann nutzt Ihr Körper einiges als Brennstoff, scheidet die nutzlosen Elemente aus und speichert den Rest als Körperfett. Je schneller nun Ihr Stoffwechsel arbeitet, umso schneller nutzt Ihr Körper die Nahrung für Energie und umso weniger wird als Fett gespeichert.

Physiologisch gesehen ist dieser Körpertyp eine Mischung der beiden Grundtypen „endomorph" und „mesomorph". Der „endomorphe" Körper ist durch viel weiches, schlaffes Gewebe mit der Tendenz zur Gewichtszunahme gekennzeichnet und der „ mesomorphe" Körpertyp ist durch einen starken und muskulösen Körper gekennzeichnet.

In Ihrem Fall ist der „endomorphe", schlaffe Körpertyp dominant. Sie haben den Vorteil, dass Ihr Körper auch „mesomorphe" Merkmale aufzeigt, da er auf diese Weise leicht Muskelgewebe aufbauen und unterhalten kann. Muskeln verbrennen erheblich mehr Fett als jeder andere Bestandteil Ihres Körpers!

Je mehr fettfreies Muskelgewebe Sie besitzen, desto mehr Kalorien können Sie im Laufe des Tages und sogar auch im Schlaf verbrennen. Einfach ausgedrückt gilt also – je mehr fettfreies Muskelgewebe = einfacheres und schnelleres abnehmen = das neue Gewicht kann mühelos gehalten werden.

Da allerdings Ihre endomorphen Qualitäten dominant sind, ist der Stoffwechsel trotz Ihres ausreichenden Muskelgewebes nicht schnell genug, um Ihr Gewicht zu halten.

Der für Sie vorgesehene Ernährungsplan sieht Lebensmittel vor, die so ausgewählt wurden, um mit Ihrer Körperchemie Ihren Stoffwechsel auf Hochtouren zu bringen.

Es gibt mehrere Faktoren, die zu einem trägen Stoffwechsel beitragen können. Das sind: Erbanlagen/ zunehmendes Alter/ Diäten/ verminderte Bewegung.

Die Hauptursache für Ihren langsamen Stoffwechsel besteht wahrscheinlich eher in Ihrer momentanen Ernährung. Aufgrund Ihrer Körperchemie und Ihres Körperbaus reagiert Ihr Körper besonders auf bestimmte Nahrungsmittel, die eine Verlangsamung Ihres Stoffwechsels bewirken können. Im Besonderen gibt es bei Ihrem Körpertyp zwei Ursachen für die Verlangsamung der Stoffwechselrate und der Gewichtszunahme.

Falsche Kohlenhydrate

Aufgrund Ihres langsamen Stoffwechsels sind Sie möglicherweise besonders anfällig für einen rapiden Anstieg des Insulinspiegels in Ihrem Blut. Dies wird auch „Spitzen" Ihres Insulinspiegels genannt. Insulin ist ein Körperhormon, das die Zuckermenge in Ihrem Blut reguliert. Insulin ist ein Speicherhormon, das die Zuckermenge in Ihrem Blut regulieren soll. Wenn Ihr Insulinspiegel hochschnellt, wird Ihrem Körper signalisiert, dass er die Kalorien, die
Sie zuführen, nicht mehr als Treibstoff verbrennen, sondern als Fett speichern soll, z.B. Brot, Einfachzucker oder süße Früchte.

Um dies zu verhindern, müssen Sie als Typ „endomorph-mesomorph" mehr als alle anderen Körpertypen auf die gewählten Kohlehydratarten und –mengen achten.

Rotes Fleisch- mehr Volumen

Eine weitere Nahrungsmittelart, die für Ihren Typ problematisch sein kann, ist rotes Fleisch. Diese Proteinquelle ist aus zwei Gründen für Sie bedenklich: selbst das magerste rote Fleisch enthält erheblich mehr Fett als andere Proteinarten, und verlangsamt dadurch ohnehin schon trägen Stoffwechsel.

Zweitens, und, wichtiger ist, dass rotes Fleisch über höhere Konzentrationen an Kreatin, Eisen B12 und bestimmte Aminosäuren verfügt, die eine Vergrößerung des Muskels bewirken können. Typ 2 ist im Allgemeinen mit reichlich Muskelgewebe gesegnet. Vor allem Frauen können sehr stämmig sein muskelöse Oberschenkel und ein sehr kräftiges Gesäß besitzen.

Häufig möchte dieser Typ insgesamt seinen Körperumfang reduzieren und große Muskeln durch längere, fettfreie und schlankere Muskeln ersetzen. Da rotes Fleisch eine weitere Vergrößerung Ihrer Problembereiche bewirken kann sind für Sie andere Proteinquellen notwendig (weißes Fleisch).

Der Schlüssel zur Beschleunigung Ihres Stoffwechsels und somit zum Gewichtsverlust besteht darin die Art und Menge an komplexen Kohlenhydraten und Proteinen sehr sorgfältig zu regulieren.

Körpertyp II Männer- Ernährungsplan

Frühstück
4 Eiweiß vom Ei oder 300 ml fettarme Milch/ Sojamilch/ Ziegenmilch/ Schafsmilch oder 4 EL Sojaflocken + 165 g Obst
oder
100 g Putenbrust + 100 g grünes Gemüse
oder
100 g Fisch- Thunfisch/ Krabben/ Muscheln/ Garnelen oder Putenbrust + 165 g <u>Kartoffeln/ Rüben/ Kürbis/Reis</u>   Müsli aus 8 EL Müsli ohne Weizen + 300 ml fettarme Milch/ Sojamilch/ Ziegenmilch/ Schafsmilch/ 200 g Joghurt + 165 g Obst
oder
4 Scheiben Roggenknäckebrot/ 4 Scheiben Reistaler/ 2 Scheiben Brot ohne Weizen/ 2-3 Scheiben Pumpernickel + 150-200 g körniger fettarmer Frischkäse/ 100 g fettarmer Käse/ 150 g fettarmer Joghurt/ 4 Scheiben Putenbrust/ Hühnchen/ Rinderschinken/ Wildschinken/ Tofu-Brotaufstriche/ süßer Aufstrich-Honig/ Fruchtaufstriche ohne raff. Zucker + 165 Obst (Apfel/ Ananas/ Orange/ Pflaumen/ Banane)

Vormittags	Mittags
100 g Putenbrust/ 4 EL Sojaflocken/ 150 g fettarmer körniger Hüttenkäse + 150 g grünes Gemüse	100 g Thunfisch + ½ Grapefruit
oder	**oder**
Wenn nur Obst gegessen wird, dann bitte mittags 200 g Eiweiß verzehren!	100 g Eiweiß/ Pute/ Garnelen/ Shrimps + 200 g Kartoffeln/ Rüben/ Kürbis/ Reis
oder	**oder**
100 g Eiweiß (Putenbrust/ Huhn/ fettarmer körniger Hüttenkäse/ 125 g Joghurt) + 80 g Grapefruit/ gem. Beeren/ Pfirsich/ Ananas/ Erdbeeren/ Joghurt mit Früchten	100 g Eiweiß/(Hähnchen/ Tofu/ Fisch)/ Joghurt/ Quark + 2 mittelgroße Kartoffel + 150 g grünes oder anderes Gemüse
	oder
	100 g Eiweiß (Rind, z.B. Rinderhack/ Pute/ Huhn/ Kalb/ Lamm/ Fisch – ausgenommen Lachs + 200 g Gerste/ Hirse/ Haferflocken/ Reis/ Reisnudeln/ Kartoffeln/ Rüben/ Kürbis + 150 g Gemüse

Nachmittags	Abends- bis 19 Uhr
150 g Gemüse- vorrangig grünes Gemüse	100 g gegrillter Fisch + 200 g Gemüse
oder	**oder**
2 Kekse aus Hafer oder Dinkel oder 1 Glas Beerenshake	100 g Hühnerbrust + 75-150 g grünes Gemüse
oder	**oder**
1-2- Scheiben Pumpernickel/ Roggenbrot + Gemüse (Gurke/ Salat/ Paprika)	75 g Krabben/ Muscheln/ Garnelen/ Putenbrust + 80 g Gerste/ Hirse/ Haferflocken/ Reis/ Reisnudeln

Mittags: nehmen Sie keine Proteine am Vormittag oder Nachmittag, dann diese Menge mittags erhöhen.
Abends sind Gemüsesuppen gut, Salat mit Thunfisch oder Huhn oder 2 Eier ohne Eigelb.

Körpertyp II Frauen- Ernährungsplan

Frühstück	Vormittags
2 Eiweiß/ 125 g Sojajoghurt-fettarmer Joghurt/ 250 ml Sojamilch/ Ziegenmilch/ 2 EL Sojaflocken + 100 g Fruchtsalat	50 g Hühnchen/ 125 g Joghurt/ andere Eiweiße + 75 g Beeren
oder	oder
3 Eiweiß/ Joghurt/ 2 EL Sojaflocken/ 125 g Fettarme Joghurt/ 250 ml Sojamilch + 100 g grünes Gemüse oder statt Gemüse ½ Grapefruit	75 g Hühnchen/ 125g Joghurt/ andere Eiweiße + 75 g grünes Gemüse
oder	oder
2 EL Sojaflocken/ 2 Eiweiß oder 1 Ei (ein ganzes Ei 1-2- pro Woche) + 100 g Grapefruit/ Beeren/ Pfirsich/ Ananas/ Erdbeeren/ Pflaumen/ Birne/ Papaya/ Honigmelone/ Apfel/ Banane	50 g Protein/ Molke/ Joghurt/ Kefir + 80 g Grapefruit/ Beeren/ Pfirsich/ Ananas oder 1 Glas Beerenshake oder 1 Glas Fatburnerdrink
oder	oder
50 g Protein + 80 g Pflaumen/ Birne/ Papaya/ Honigmelone/ Apfel/ Banane/ oder anderes Obst	50 g Protein + 75 g Pflaume/ Birne/ Papaya/ Honigmelone/ Apfel/ Banane

Mittags	Nachmittags	Abends- bis 19 Uhr
50 g Hühnerbrust + 160 g Reis + 100 g Mischgemüse	50 g Protein + 75 g grünes Gemüse	50 g Tofu/ 2 EL Sojamehl oder 2 EL Sojaflocken + 150 g Gemüse (Gemüsesuppe)
oder	oder	Oder
50 g Protein/ Quark/ Joghurt/ Pute + 160 g kompl. KH + 100 g Gemüse	1 Haferkeks/ Dinkelkeks	50-75 g magere Putenbrust + ½ Grapefruit
	oder	Oder
	50 g Protein + 80 g kompl. KH	50 g Protein + 100 g Gemüse

Es geht vormittags auch nur Obst oder Gemüse, dann die Eiweißmengen ins Mittagessen mit einbringen.
Abends: 3 x Gemüsesuppe pro Woche ist richtig gut!

Generell: 1 Ei (ohne Eigelb) = ca. 30 g Protein – 1 kleiner Apfel, kleine Banane, Pfirsich, Birne = 100 g – 1 kleine Kartoffel = ca. 100 g

Körpertyp II Frauen mit Hypoglykämie- Ernährungsplan

Frühstück	Vormittags	Mittags
2 Eiweiß/ 125 g fettarmer Naturjoghurt oder Sojajoghurt + 150 g Fruchtsalat	100 g Beeren	100 g Hühnerbrust + 160 g Reis + 150 g Gemüse + eine Hand voll Trockenobst als Dessert/ 1 Haferkeks
oder	oder	oder
3 Eiweiß + 150 g grünes Gemüse oder statt Gemüse ½ Grapefruit	150 g grünes Gemüse	100 g Hühnerbrust/ Pute/ Tofu/ Fisch + 2 Kartoffeln + 150 g Gemüse oder z.B. Kartoffeln mit Quark und Leinöl
oder	oder	oder
50 g Eiweiß/ Schellweiß/ Flunder/ Dorsch/ Heilbutt/ Thunfisch/ Hai/ festes Tofu + 150 g Grapefruit/ Beeren/ Pfirsich/ Ananas/ Erdbeeren	100 g Obst/ Grapefruit/ Beeren/ Pfirsich/ Ananas	100 g Eiweiß/ Schellfisch/ Flunder/ Dorsch/ Heilbutt/ Thunfisch/ Hai/ anderer Fisch- ausgenommen Lachs + 160 g Rübe/ Kartoffel/ Kürbis/ Süßkartoffel + 150 g Gemüse
oder	oder	oder
50 g Hühnerbrust/ Krabbe/ Hummer/ Muschel/ Garnelen/ Putenbrust + 150 g Pflaumen/ Birne/ Papaya/ Honigmelone/ Apfel/ Banane	100 g Obst/ Pflaumen/ Birne/ Papaya/ Honigmelone/ Apfel/ Banane	100 g Hühnerbrust/ Krabben/ Hummer/ Muschel/ Garnele/ Putenbrust/ Putenbrusthackfleisch + 160 g Gerste/ Hirse/ Haferflocken/ Reis/ Reisnudeln + 150 g Gemüse

3 x wöchentlich eine Gemüsesuppe.
50 g Fleisch sind zu ersetzen mit 20 g Sojakerne oder –flocken/ 50 g festen Tofu/ 2 Essl. Sojamehl, fettarm/ 125 Joghurt, fettarm, möglichst nicht von Kuh.

Nachmittags	Abends- bis 19 Uhr
1 Scheibe Pumpernickel oder 2 Scheiben Roggenknäcke/ 2 Reistaler + Fruchtaufstrich/ Honig	50 g Hühnchen/ Kalb/ Lamm/ Wild + 150 g Gemüse
oder	oder
1 Joghurt möglichst Soja/ Schaf/ Ziege/ oder fettarm/ 1 Becher fettarmer Hüttenkäse + 100 g Beeren	50 g magere Putenbrust+ 1 Grapefruit/ Apfel
oder	oder
100-150 g grünes Gemüse	50 g Eiweiß/ Schellfisch/ Flunder/ Dorsch/ Heilbutt/ Thunfisch/ Hai/ Rotbarschfilet + 150 g Gemüse
oder	oder
100 g Trockenobst oder 1 Apfel/ kleine Banane	50 g Hühnerbrust/ Krabben/ Hummer/ Muschel/ Garnelen/ Putenbrust/ Putenbrusthack- fleisch/ Rindslende + 150 g Gemüse

Athletisch-pyknischer Körpertyp III (mesomorph-endomorph)- Pitta-Kapha

Als Körpertyp „mesomorph-endomorph" kann Ihr Körper problemlos fettfreie Muskeln aufbauen und unterhalten. Das ist Ihr Vorteil, da Muskeln Fett verbrennen.

Ferner ist Ihr Stoffwechsel nicht so träge wie bei einigen anderen Körpertypen – und auf der anderen Seite jedoch nicht schnell genug, um Ihr Körpergewicht zu halten.

Ihre Stoffwechselrate hat den größten Einfluss darauf, wie Ihr Körper an Gewicht zu- oder abnimmt.

Der Stoffwechsel ist die Rate, mit der Ihr Körper die Nahrung in Energie umwandelt.

Wenn Sie etwas zu sich nehmen, dann nutzt Ihr Körper einiges als Brennstoff, scheidet die nutzlosen Elemente aus und speichert den Rest als Körperfett. Je schneller nun Ihr Stoffwechsel arbeitet, umso schneller nutzt Ihr Körper die Nahrung für Energie und umso weniger wird als Fett gespeichert.

Sobald Sie die 5 Mahlzeiten in den richtigen Abständen und der richtigen Qualität, bzw. Verhältnis an Lebensmittel zu sich nehmen, wie in Ihrem Ernährungsplan vorgesehen, müssten Sie einen schnellen Gewichtsverlust beobachten und auch Ihr Gewicht nach dem offiziellen Ende des Programmes gut halten können.

Physiologisch gesehen ist Ihr Körpertyp eine Mischung der beiden Grundtypen „mesomorph" und „endomorph".

Mesomorph ist ein starker, muskulöser Körper und der endomorphe Körper ist durch viel weiches, schlaffes Gewebe mit der Tendenz zur Gewichtszunahme gekennzeichnet.

In Ihrem Fall ist der mesomorphe- muskulöse Körpertyp dominant und <u>dies ist Ihr Vorteil</u>, da Ihr Körper leicht Muskelgewebe aufbauen und unterhalten kann. Muskeln verbrennen erheblich mehr Fett als jeder andere Körperteil!
Je mehr fettfreies Muskelgewebe Sie besitzen, desto mehr Kalorien können Sie im Laufe des Tages und der Nacht verbrennen.
Einfach ausgedrückt gilt also – je mehr fettfreies Muskelgewebe = einfacheres und schnelleres abnehmen = das neue Gewicht kann mühelos gehalten werden.

Ihr endomorpher Anteil ist jedoch nicht so stark, dass Ihr Stoffwechsel trotz Ihres ausreichenden Muskelgewebes nicht schnell genug ist, um Ihr Gewicht zu halten. Der für Ihren Typ erstellte Ernährungsplan sieht nun Lebensmittel vor, die so ausgewählt wurden, um mit Ihrer Körperchemie Ihren Stoffwechsel auf Hochtouren zu bringen.

Es gibt mehrere Faktoren, die zu einem trägen Stoffwechsel beitragen können. Das Erbanlagen/ zunehmendes Alter/ Diäten/ verminderte Bewegung.
Die Hauptursache für Ihren langsamen Stoffwechsel besteht wahrscheinlich eher in Ihrer momentanen Ernährung. Aufgrund Ihrer Körperchemie und Ihres Körperbaus reagiert Ihr Körper besonders auf bestimmte Nahrungsmittel, die eine Verlangsamung Ihres Stoffwechsels bewirken können. Im Besonderen gibt es bei Ihrem Körpertyp zwei sehr häufige Ursachen für die Verlangsamung der Stoffwechselrate und der Gewichtszunahme.

Falsche Kohlenhydrate

Aufgrund Ihres langsamen Stoffwechsels sind Sie möglicherweise besonders anfällig für einen rapiden Anstieg des Insulinspiegels in Ihrem Blut. Dies wird auch „Spitzen" Ihres Insulinspiegels genannt. Insulin ist ein Körperhormon, das die Zuckermenge in Ihrem Blut reguliert. Insulin ist ein Speicherhormon, das die Zuckermenge in Ihrem Blut regulieren soll. Wenn Ihr Insulinspiegel hochschnellt, wird Ihrem Körper signalisiert, dass er die Kalorien, die Sie zuführen, nicht mehr als Treibstoff verbrennen, sondern als Fett speichern soll, z.B. Brot, Einfachzucker oder süße Früchte.

Falsche Proteine

Eine weitere Nahrungsmittelart, die für Ihren Typ problematisch sein kann, ist rotes Fleisch. Diese Proteinquelle ist aus zwei Gründen für Sie bedenklich: selbst das magerste rote Fleisch enthält erheblich mehr Fett als andere Proteinarten, und verlangsamt dadurch schon trägen Stoffwechsel.

Zweitens: wichtiger ist, dass rotes Fleisch über höhere Konzentrationen von Kreatin, Eisen B12 und bestimmte Aminosäuren verfügt, die ein Wachsen des Muskels bewirken können.

<u>Körpertyp III Männer- Ernährungsplan</u>

Frühstück	Vormittags	Mittags
100 g Proteinprod. (4 Eiweiß vom Huhn)/ Joghurt/ Molke/ Kefir + 80 g kompl. KH + ½ Apfel oder ½ Banane	100 g kompl. KH	200 g Proteinprod. + 165 g Reis + 75-150 g Mischgemüse
oder	oder	oder
100 g Proteinpod. + 75 g grünes Gemüse oder statt Gemüse ½ Grapefruit	75- 150 g grünes Gemüse	200 g Poteinpr. (Huhn) +165 g Kartoffel + 75-150 g Gemüse oder Obst
oder	oder	oder
1000 g Proteinprod. (Joghurt/ Quark) + 165 g kompl. KH (4-6 Roggen-Knäckebrot/ 3-4 Pumpernickel/ 4-6 Reistaler + 75 Grapefruit/ gem. Beeren/ Pfirsich/ Ananas/ Erdbeeren oder anders Obst	1 Banane, 1 Apfel/ 1 Glas Beerenshake	200 g Proteinprod. (Pute/Joghurt(+ 165 g Kürbis/ Vollkornnudeln + 75-150 g Gemüse oder Obst
oder	oder	oder
1 Schale Müsli ohne Weizen + 150-200 ml fettarme Milch (Soja/ natur/ Mandelmilch/ 150g Joghurt	Fatburnerdrink/ 1 Glas Molke	2 große Kekse aus Hafer oder Dinkel

Nachmittags	Abends- bis 19 Uhr
50 g Hühnchen + 1 kleiner Apfel/ 100 g Obst	100 g Putenbrust. + 150 g kompl. KH + 100-150 g Gemüse
oder	oder
50 g Protein + 75-150 g grünes Gemüse	100g Hühnchenbrust + 150 g grünes Gemüse
oder	oder
50 g Protein + 165 g kompl. KH	150g Frischkäse + 165g kompl. KH
	oder
	3 mal pro Woche eine Gemüsesuppe

Nachmittags: wenn keine Proteine gegessen werden, dann die Menge in Mittag aufnehmen.

Körpertyp III Frauen- Ernährungsplan

Frühstück	Vormittags
2 Eiweiß/Sojajoghurt oder fettarmer Joghurt/ 2 EL Sojaflocken/ 250 ml Sojamilch od. Ziegenmilch/ 2 Scheiben Käse (nicht von Kuh)/ 2 Scheiben Putenschinken/ 125 g fettarmer körniger Hüttenfrischkäse + 4 EL Haferflocken/ Gerste/ Buchweizenflocken/ Dinkelflocken/ 2 Reistaler/ 2 Roggenknäckebrot + 1 kleiner Apfel oder ½ Banane	100 g Obst
oder	oder
50 g Eiweiß + 75 g grünes Gemüse oder statt Gemüse ½ Grapefruit	75-150 g grünes Gemüse
oder	oder
2 Scheiben Roggenknäckebrot/ 1 Scheibe Pumpernickel + 2 Hühnereiweiß (gekocht)/ 2 Schinken (nicht vom Schwein)/ 2 Scheiben Huhn-oder Pute in Aspik+ einen kleinen Apfel/ 100 g Ananas	125 g Joghurt fettarm 1 Essl. Sanddorn + 1 Essl. gehackte Mandeln + 1 Apfel + 15 g Haferflocken
oder	oder
1 Scheibe Brot ohne Weizen + fettarmer Frischkäse/ Tofuaufstrich/ Honig/ Brotaufstriche ohne raff. Zucker + 100 g Obst außer Süßkirschen	50 g Eiweiß + 75 g kompl. KH

Mittags	Nachmittags	Abends- bis 19 Uhr
50 g Hühnerbrust/ Krabbe/ Hummer/ Muschel + 160 g Gerste/ Hirse/ Haferflocken/ Reis/ Reisnudeln/ Kartoffel/ Kürbis/ Süßkartoffel + 75-150 g Gemüse	1 großer Apfel oder anderes Obst möglichst keine Süßkirschen/ Weintrauben	50 g Hühnchenbrust/Putenbrust + 75 g Gemüse
oder	oder	oder
50 g Tofu/ Pute/ Kalb/ Lamm/ Rind/ Wild/Fisch, ausgenommen Lachs+ 160 kompl. KH+ 75.150 g Gemüse	75 g Thunfisch/ 125 g Körnerkäse fettarm + 75-150 g grünes Gemüse	100 g fettarrmer körniger Frischkäse + 150 g Gemüse
oder	oder	oder
50 g Garnelen/ Putenbrust/ Putenbrusthackfleisch + 160 g Gerste/ Hirse/ Haferflocken/ Reis/ Reisnudeln/ Kartoffel/ Kürbis/ Süßkartoffeln + 75-150 g Gemüse	50 g Eiweiß/ 1 Joghurt- möglichst Sofa, Ziege, Schaf oder 100 g fettarmer Körnerfrischkäse + 2 Scheiben Roggenknäckebrot/ 2 Scheiben Reistaler	Gemüsesuppe mit Reis
	oder	
	50 g Eiweiß/ Joghurt + 80 g kompl. KH oder 1 Glas Beerenshake oder Fatburnerdrink	

Mittags: wenn nur Obst oder Gemüse als Zwischenmahlzeit gegessen wird, dann bitte Eiweiß um 50 g erhöhen/ und kompl. KH um 75 g erhöhen.

Nachmittags: wenn nur Obst oder Gemüse als Zwischenmahlzeit gegessen wird, dann bitte im Mittagessen Eiweiß um 50 g erhöhen und kompl. KH um 75 g erhöhen.

Abends: 3 x pro Woche Gemüsesuppe wäre toll!
Der Tagesbedarf an guten, ungesättigten Fetten beträgt ca. 1-2 Essl. Olivenöl oder 8 gehackte TL Mandeln.

Generell: 1 Ei (ohne Eigelb) = ca. 30 g Protein
1 kleiner Apfel, kleine Banane, Pfirsich,Birne = ca.100g
1 kleine Kartoffel = ca. 100 g

Pyknischer-leptosomer Körpertyp IV (endo-ektomorph)-Kapha-Vata

Als Körpertyp IV ist Ihr Stoffwechsel langsamer als bei einigen anderen Körpertypen, so dass Sie leichter an Gewicht zunehmen. Darüber hinaus kann Ihr Körper nicht so leicht fettfreie Muskeln aufbauen und unterhalten. Da Ihr Körper weniger fettfreie Muskeln besitzt, kann er nicht so viele Kalorien verbrennen, was Ihre Stoffwechselrate insgesamt weiter verlangsamt.

Das Verhältnis von Fett zu Muskeln in Ihrem Körper sagt viel über Ihren Stoffwechsel und Ihre Körperchemie aus.
Der Stoffwechsel ist im Grunde die Rate mit der Ihr Körper die Nahrung in Energie umwandelt.
Wenn Sie etwas zu sich nehmen, nutzt Ihr Körper etwas davon als Brennstoff, scheidet die nutzlosen Elemente aus und speichert den größeren Rest als Körperfett.
Bei Ihrem langsamen Stoffwechsel wandelt Ihr Körper die Nahrung viel weniger effizient in Energie um und speichert mehr davon als Fett.

Physiologisch gesehen ist Ihr Körpertyp eine Kombination von zwei fast entgegengesetzten Grundtypen:

1. ein schwerer Körper mit weichen, schlafferen Gewebe und der Tendenz zur schnellen Gewichtszunahme,
2. ein magerer Körpertyp mit sehr wenig Muskeln und einem schnellen Stoffwechsel.

Diese Elemente scheinen sich absolut auf den ersten Blick zu widersprechen, sie bilden aber eine sehr häufig auftretende Kombination.

In Ihrem Fall ist der endomorphe (schwere) Körper mit viel schlaffem Gewebe dominant. Das bedeutet, dass sich unter Ihren unerwünschten Fettpolstern ein sehr magerer Körper mit sehr wenig fettfreien Muskelgeweben verbirgt.

Diäten sind ein besonderes gravierendes Problem für den Typ IV, da Ihr Körper bei einer Diät, wenn Sie zu hungern beginnen, Muskelgewebe abbaut.

Je mehr Muskelgewebe Sie verlieren, umso weniger Kalorien kann Ihr Körper verbrennen und umso mehr verlangsamt sich Ihr Stoffwechsel.

Körpertyp IV Männer- Ernährungsplan

Frühstück	Vormittags	Mittags
150 g Joghurt/ 300 ml Milch fettarm, besser Soja/Mandel/ Ziege + 8 EL Haferflocken + 75 g Obst (=Müsli)	100 g Hühnchen + 75 g Obst	100-125 g Hühnerbrust + 165 g Reis + 75 g Mischgemüse
	oder	oder
	100 g Hühnerbrust + 75 g Gemüse	125 g Hühnerbrust + 165 g Reis + 75 g Mischgemüse
oder	oder	oder
100 g Hühnerbrust/ 70 g Geflügel-Lyoner/ 200-300 ml fettarme Milch/ 150 g Joghurt + 150 g Haferflocken oder Müsli ohne Weizen/ 4-6 Roggenknäcke/ 3 Pumpernickel	1 Glas Beerenshake oder 1 Glas Molkedrink/ 1 Glas Fatburnerdrink	100-125 g Eiweiß/ Schellfisch/ Flunder/ Dorsch/ Heilbutt/ Thunfisch/ Hai/ anderer Fisch ausgenommen Lachs + 165 g Rübe/ Kartoffel/ Kürbis/ Süßkartoffel/ Vollkornnudeln + 75 g Gemüse
	oder	oder
	100 g Joghurt + 75 g Grapefruit/ Beeren/ Pfirsich/ Ananas/ Erdbeeren/ Apfel	100-125 g Hühnerbrust/ Krabbe/ Hummer/ Muschel/ Garnelen/ Putenbrust/ Putenbrust-Hackfleisch/ mageres Rind + 165 Gerste/ Hirse/ Haferflocken/ Reis/ Reisnudeln + 75 g Gemüse

Wenn Sie am Vor – und/oder Nachmittag auf Eiweiß verzichten dann nehmen Sie diese Menge in die Mittagsportion mit auf.

Nachmittags	Abends- bis 19 Uhr
1 Apfel + 150 g Quark/ 1 Molkedrink	100-125 g mageres Rind + 1 kleine Backkartoffel + 75-150 g Gemüse
oder	oder
100 g Hühnchen + 75 g grünes Gemüse	100-125 g mageres Rind + 75-150 g Gemüse
oder	oder
100 g Thunfisch + 100 g Grapefruit/ Beere/ Pfirsich/ Ananas/ Erdbeeren/ Apfel	100-125 g Eiweiß/ Schellfisch/ Flunder/ Dorsch/ Heilbutt/ Thunfisch/ Hai/ + 165 g Rübe/ Kartoffel/ Kürbis/ Süßkartoffel + 75-150 g Gemüse
oder	oder
80 g Sojaflocken + 75 g Pflaumen/ Birnen/ Papaya/ Melone/ Apfel/ Banane	100-125 g Hühnerbrust/ Krabben/ Hummer/ Muschel/ Garnelen/ Putenbrust/ Putenbrusthack-Fleisch/ Rindslende + 80 g Gerste/ Hirse/ Haferflocken/ Reis/ Reisnudeln + 75-150 g Gemüse

Generell: 1 Ei (ohne Eigelb) = ca. 30 g Protein
1 kleiner Apfel, kleine Banane, Pfirsich, Birne = ca. 100 g
1 kleine Kartoffel = ca. 100 g

Körpertyp IV Frauen- Ernährungsplan

Frühstück	Vormittags
2 Eiweiß + 80 g Haferflocken+ 75 g Obst	50 g Hühnchen + 75 g Obst
oder	oder
2 Eiweiß + 75 g Rindslende (mager)	50 g Hühnerbrust/ magere Rindslende+ 75 g Gemüse
oder	oder
50-75 g Eiweiß/ Schellfisch/ Flunder/ Rotbarschfilet/ Dorsch/ Heilbutt/ Thunfisch/ Hai/ anderer Fisch ausgenommen Lachs + 80 g Rübe/ Kartoffel/ Kürbis/ Süßkartoffel	50-75 g Eiweiß/ Schellfisch/ Flunder/ Dorsch/ Heilbutt/ Thunfisch/ Hai/ anderer Fisch ausgenommen Lachs + 75 g Grapefruit/ Beeren/ Pfirsich/ Ananas/ Erdbeeren
oder	oder
Frühstück	Vormittags

| 50 g Hühnerbrust/ Krabbe/ Hummer/ Muschel/ Garnelen/ Putenbrust/ Putenbrusthack-Fleisch/ Rindslende + 80 g Gerste/ Hirse/ Haferflocken/ Reis/ Reisnudeln | 50 75 g Hühnerbrust/ Krabben/ Hummer/ Muschel/ Garnelen/ Putenbrust/ Putenbrusthackfleisch + 75 g Grapefruit/ Beeren/ Pfirsich/ Ananas/ Erdbeeren |

Wenn Sie am Vor – und/oder Nachmittag auf Eiweiß verzichten dann nehmen Sie diese Menge in die Mittagsportion mit auf.

Mittags	Nachmittags
50-75 g Hühnerbrust + 80 g Reis + 75 g Mischgemüse	1 großer Keks aus Hafer oder Dinkel
oder	oder
125 g Hühnerbrust + 80 g Reis + 75 g Mischgemüse	75 g Hühnchen/ Geflügelwurst z.B. Lyoner/ Quark + 75 g grünes Gemüse
oder	oder
50-75 g Eiweiß/ Schellfisch/ Flunder/ Rotbarschfilet/ Dorsch/ Heilbutt/ Thunfisch/ Hai/ anderer Fisch ausgenommen Lachs + 80 g Rübe/ Kartoffel/ Kürbis/ Süßkartoffel + 75 g Gemüse	1 Scheibe Pumpernickel/ 2 Roggenknäcke/ 2 Reistaler + 150 g fettarmer körniger Hüttenfrischkäse
oder	oder
50-75 g Hühnerbrust/ Krabben/ Hummer/ Muschel/ Garnelen/ Putenbrust/ Putenbrusthackfleisch/ Rindslende + 80 g Gerste/ Hirse/ Haferflocken/ Reis/ Reisnudeln + 75 g Gemüse	1 Scheibe Roggenknäcke/ 1 Reistaler + Fruchtaufstrich ohne Zucker/ Honig

Abends- bis 19 Uhr	Nachts- nur im Notfall
50-70 g mageres Rind + 1 kleine Backkartoffel + 75-150 g Gemüse	75 g gedünstetes Gemüse
oder	
75 g mageres Rind + 75-150 g Gemüse	
oder	
50-75 g Eiweiß/ Schellfisch/ Flunder/ Dorsch/ Heilbutt/ Thunfisch/ Hai/ anderer Fisch ausgenommen Lachs + 80 g Rübe/ Kartoffel/ Kürbis/ Süß-Kartoffel + 75-150 g Gemüse	

Leptosomer-pyknischer Körpertyp V (ekto-endomorph)- Vata-Kapha

Als Körpertyp 5 haben Sie Probleme damit Muskelgewebe aufzubauen und zu erhalten. Muskeln sind die wichtigsten kalorienverbrennenden Bestandteile Ihres Körpers. Die Tatsache, dass Ihr Körper weniger Muskelgewebe aufweist, bedeutet, dass er nicht so viele Kalorien verbrennen kann. Hinzu kommt noch, dass Ihr Stoffwechsel nicht schnell genug ist.

Das Verhältnis von Fett zu Muskeln in Ihrem Körper sagt viel über Ihren Stoffwechsel und Ihre Körperchemie aus.
Der Stoffwechsel ist im Grunde die Rate mit der Ihr Körper die Nahrung in Energie umwandelt.
Wenn Sie etwas zu sich nehmen, nutzt Ihr Körper etwas davon als Brennstoff, scheidet die nutzlosen Elemente aus und speichert den größeren Rest als Körperfett.
Bei Ihrem langsamen Stoffwechsel wandelt Ihr Körper die Nahrung viel weniger effizient in Energie um und speichert mehr davon als Fett.

Diese Ernährungsumstellung führt dazu, dass Ihr Körper Muskelgewebe aufbaut und erhält. Gleichzeitig wird Ihr Stoffwechsel insgesamt angekurbelt. Das bedeutet: durch die Erhöhung Ihres Stoffwechsels fangen Sie damit an, lästige Pfunde loszuwerden.
Physiologisch gesehen ist Ihr Körpertyp eine Kombination von zwei vermeintlich konträren Grundtypen:

1. ein magerer Körpertyp mit sehr wenig Muskeln und einen hohen Grundumsatz (dieser überwiegt) und
2. ein schwerer Körper mit weichem, schlafferem Gewebe und der Tendenz zur schnellen Gewichtszunahme.

Diese Elemente scheinen sich absolut auf den ersten Blick zu widersprechen, sie bilden aber eine sehr häufig auftretende Kombination. Einfach gesagt sind Sie eine dünne Person mit viel hängendem Fleisch.

Zum Glück ist der „magere" Körpertyp bei Ihnen dominant. Das bedeutet, dass Ihr Stoffwechsel vom Grundsatz hoch ist. Oft waren Personen Ihres Typs die meiste Zeit ihres Lebens sehr schlank, ja sogar dünn und konnten als Kind bzw. als Jugendlicher „essen, was sie wollten", ohne zuzunehmen. Bei vielen dieser Typen verlangsamt sich der Stoffwechsel erst nach dem 30. Lebensjahr oder dem ersten Kind. Bei vielen anderen Menschen Ihres Typs bleibt ein großer Teil des Körpers sehr dünn.

Das grundlegende Problem ist bei Ihnen, dass der Stoffwechsel aus verschiedenen Gründen nicht schnell genug ist, um eine Gewichtszunahme zu vermeiden, obwohl Sie „ektomorphe" Eigenschaften überwiegend in sich tragen, die normalerweise eine hohe Stoffwechselrate sichern.
Der für Sie richtige Ernährungsplan besteht aus einer Kombination von Lebensmitteln, die eine sogenannte „ Initialzündung" für Ihren Stoffwechsel erzeugt.

Diäten sind ein größeres Problem für Typen Ihrer Kategorie als für alle anderen Körpertypen, denn unter anderem baut Ihr Körper Muskelgewebe ab, wenn Sie eine Diät durchführen und dabei hungern. Je mehr Muskelgewebe Sie verlieren, desto weniger kann Ihr Körper an Kalorien verbrennen, also umso langsamer wird Ihr Stoffwechsel. Die Kohlenhydrat- und Proteinmengen, Verhältnisse und Arten, die Sie zu sich nehmen, haben eine ernstzunehmende Wirkung auf Ihre Stoffwechselrate. Diäten mit mehreren Stunden ohne Mahlzeit sind ein großes Problem für Ihren Körpertyp und auch für jeden anderen.

Körpertyp V Männer- Ernährungsplan unbedingt 5 Mahlzeiten einhalten!!!

Frühstück	Vormittags	Mittags
4-5 Eiweiß vom Huhn oder 4 EL Sojaflocken/ 150 g fettarmer körniger Hüttenkäse/ 300 ml fettarme Milch/ Mandelmilch/ Sojamilch + 165 g Haferflocken/ Müsli ohne Weizen + 75 g Obst	100-125 g Hühnchen + 1 kleine Kartoffel	200-250 g Hühnerbrust/ Tofu + 165 g reis + 75-150 g Mischgemüse
oder	**oder**	**oder**
75 g Grapefruit/ gem. Beeren/ Pfirsich/ Ananas/ Erdbeeren + 250 g Joghurt/ Magerquark	75-150 g grünes Gemüse	200-250 g Eiweiß/ Schellfisch/ Flunder/ Dorsch/ Heilbutt/ Thunfisch/ Hai + 165 g Rübe/ Kartoffel/ Kürbis/ Süßkartoffel+ 75-150 g Gemüse
oder	**oder**	**oder**
75 g Banane/ Apfel/ Melone/ Papaya/ Birne/ Pflaumen + 300 ml Molkedrink/ 300 ml Kefirdrink/ 300 ml Buttermilch	125 g Quark + 2 Scheiben Pumpernickel + 75 - 150 g Gemüse	200-250 g Hühnerbrust/ Krabbe/ Hummer/ Muschel/ Garnelen/ Putenbrust/ Putenbrust-Hackfleisch/ mageres Rind + 165 g Gerste/ Hirse/ Haferfl./ Reis/ Reisnudeln ı 75-150 g Gemüse
	oder	**oder**
	200 g Gemüse	

Nachmittags	Abends- bis 19 Uhr
1 kleiner Apfel/ 1 Glas Beerenshake	100-125 g mageres Rind+ 1 mittelgroße Backkartoffel+ 75-150 g Gemüse
oder	**oder**
1 Glas Molkedrink/ Fatburnerdrink	100-125 g mageres Rind + 75-150 g Gemüse
oder	oder
100 g Grapefruit/ gem. Beeren/ Pfirsich/ Ananas/ Erdbeeren/ Banane	100-125 g Eiweiß/ Schellfisch/ Flunder/ Dorsch/ Heilbutt/ Thunfisch/Hai/ +165 g Rübe/ Kartoffel/ Kürbis/ Süßkartoffel + 75-150 g Gemüse
oder	**oder**
150 g Joghurt mit Obst bestenfalls Beeren	100-125 g Hühnerbrust/ Krabbe/ Hummer/ Muschel/Garnelen/ Putenbrust/ Putenbrusthackfl./ Rindslende+ 165 g Gerste/ Hirse/ Haferfl./ Reis/ Reis-nudeln+ 75-150 g Gemüse

Körpertyp V Frauen- Ernährungsplan unbedingt 5 Mahlzeiten einhalten!!!

Frühstück
Eiweiß 50 g Hühnerbrust/ Krabbe/ / Garnelen/ Putenbrust/ Thunfisch/ **Putenbrusthack**fleisch/ Rindslende/ 2 Scheiben Käse mögl. nicht von Kuh/ 125 g fettarm. körniger Hüttenfrischkäse/ 250 ml Milch (Soja/ Ziege/ Schaf/Stute)/ Tofuaufstrich/ 2 Hühnereiweiß (gekocht oder Spiegelei)/ 2-3 EL Sojaflocken/ 125 g fettarm Joghurt, besser Sojajoghurt/Ziegenjoghurt/ Büffeljoghurt/ Schafsjoghurt/ 2-3 Scheiben Schinken von Pute/Huhn/ Rind/ Büffel/ Wild/ Geflügel z.B. Lyoner **+ kompl. KH** 80 g Gerste/ Hirse/ Haferflocken/ Buchweizen/ Amaranth/ Reis/ Reisnudeln/ 2-3 Reistaler/ 1 Scheibe Brot ohne Weizen/ 1 Scheibe Pumpernickel/ 2-3 Scheiben Roggenvollkornknäckebrot/ Müsli ohne Weizen/ 250 ml Hafermilch/ Reismilch **+ neutrale KH** 100-150 g Grapefruit/ Beeren/ Ananas/ Erdbeeren/ Pfirsich/ Pflaumen/ Apfel/ 1 TL Honig/ Fruchtaufstrich ohne raff. Zucker

Generell: 1 Ei (ohne Eigelb) = ca. 30 g Protein/Eiweiß
                      1 kleiner Apfel, kleine Banane, Pfirsich, Birne = ca. 100 g

                      1 kleine Kartoffel = ca. 100 g

Vormittags	Mittags
50-75 g Hühnerbrust/ Krabben/ Hummer/ Muschel/ Tofu/ Joghurt/ Garnelen/Putenbrust/ Putenbrusthackfleisch/ 2Scheib.Putenschin-ken/ 125 g Mager-Quark/ 125 g Joghurt/ 50 g Thunfisch/ 125 g körniger fettarmer Hüttenkäse/Frisch-käse/ 250 ml Soja-Milch/ fettarme Milch/ Ziegenmilch + 75 g Gerste/ Hirse/ Hafer-Flocken/ Reis/ Reisnudeln/ 2 Reistaler/ 2 Roggen-knäcke/ 1 Scheibe Pumpernickel/ Müsli	50-75 g Hühnerbrust/ Krabbe/ Hummer Muschel/ Garnelen/ Putenbrust/ Putenbrusthack-fleisch/ mageres Rind/ Lamm/ Kalb/ Fisch ausgenommen Lachs/ Wild/ Tofu + 80 g Gerste/ Hirse/ Haferflocken/ Reis/ Reisnudeln/ Kartoffel/ Kürbis/ Süßkartoffel/ Maisnudeln/ Vollkornnudeln + 75-150 g Gemüse, viel grünes Gemüse
oder	
250 ml Reismilch oder Hafermilch	
oder	
100-150 g Gemüse	

IV. Die Aufgabe der Säure-Basenbalance für die Gesundheit und einen aktiven Stoffwechsel

Was uns wirklich „sauer" macht

Säuren und Basen in den Lebens- und Nahrungsmitteln

Säuren-Basen-Eigenkontrolle

Was uns wirklich „sauer" macht

Es kommt der Punkt, an dem man sich mit seiner **Gesundheit intensiver** beginnt **auseinanderzusetzen**.

Je früher, je besser und desto erstaunlicher ist das, was wir erreichen können. (Erfolg = er-folgt, wenn man das Richtige tut)

Aber egal, wie alt, ob 20, 60, 70, 80! Jeder kann innerhalb, **ja sogar weniger Tage** seine Gesundheit verbessern, entscheidend verbessern.

Krankheit und vorzeitiges Altern sind **Ergebnisse unnatürlicher Lebensgewohnheiten**.

Eine wichtige Grundlage jeder Therapie und Voraussetzung jeder Heilung und Gesundheit, egal, wie alt man ist, ist die **Entsäuerung und Remineralisierung** des Körpers.

Der **Ausgleich des Säuren- Basenzustandes** des Körpers ist die wichtigste Grundlage. (Ernährungsforscher, Dr. Franz Meyr/ Ragnar Berg/ Friedrich Sanders)

Unnatürliche Essgewohnheiten haben dazu geführt, dass der **Basenanteil (Mineralanteil)** praktisch **ständig zu gering ist = der Körper ist übersäuert**, dazu **Ärger** und **Stress** = Säureanteil erhöht sich weiter.

Der Körper versucht einen Ausgleich zu schaffen, **holt Basen** aus dem **Bindegewebe, Blutgefäßen und Knochen**, solange dies möglich ist, um so den **Säureüberschuss** zu neutralisieren.

Ergebnis = **der Körper wird entmineralisiert**, d.h. Adern, Knochen werden brüchig = führt zu **Herzinfarkt, Schlaganfall oder Osteoporose**, auch **Rheuma, Gicht, Arthrose und Wirbelsäulendeformation**. Stellen Sie sich vor auch **Haarausfall, Depressionen, Ekzeme und Karies** können eine Folge von Übersäuerung sein.

Bestimmung des Säuregehaltes

Die PH-Wert-Bestimmung des Harns spiegelt diagnostisch die Gewebesituation fast exakt wider und ist preiswert (Titrationsverfahren ist exakt, umständlich und teuer).

Biologischer Normalwert = 7,0 – 7,5
Üblicher Wert = 5,5

Unser Körper braucht Basen

Unser Körper bildet aus dem, durch die Ernährung gegebenen Material, seine Basen. Er kann **Basen aber nicht aus sich selbst heraus bilden**. **Säuren dagegen werden vom Körper selbst durch Stoffwechselprozesse produziert.**
Zusätzlich entstehen Säuren, wenn man zu schnell **isst** und/oder zu viel **kohlensäurehaltigen Getränke** trinkt, weil im Magen-Darm-Trakt Gärungsprozesse in Gang kommen.
Auch Stresssituationen aktivieren vermehrte Produktion von Säuren.

Fazit: der Volksmund sagt: „ ich bin sauer"

Säurenkonzentration im Muskelgewebe führt zu Müdigkeit = übersäuerte Menschen sind ohne körperliche Anstrengung immer müde schlafen schlecht und erholen sich kaum. Auch sportliche Betätigungen im dauerhaft anaeroben Bereich übersäuern den Körper.

Die Säureeinwirkung erzeugt im Körper Schäden die in drei Bereiche gegliedert werden können.

Bereich 1	**Bereich 2**	**Bereich 3**
Zahnkaries	Ablagerungs-	Infektions-
Unmittelb.	krankheiten	krankheiten
Säureschäden	Rheuma, Gicht,	Einf.Erkältungen
Schäden in den Blutge-	Arthrose	
fäßen, Herzinfarkt,	Nierenüberlastung	
Krampfadern/	Kreislaufstörung	
Hämorrhoiden	Schaden am Hör-und	
Osteoporose	Sehvermögen	

Fazit: hat der Körper ausreichend Basen zur Verfügung dann können sich diese Körperschäden auflösen.

Negativbeispiel: ein kleines Steak (150 g) enthält 5 g Harnsäure, um nur ein Gramm loszuwerden, müssen Sie 6-8 Liter Wasser trinken.

Der Körper bekommt heutzutage gar keine Chance in ein Säuren-Basen-Gleichgewicht zu kommen.

Was kann man tun?
Man kann Säuren und Schlacken aus den Därmen und Bindegewebe ausschwemmen, indem man täglich eine Basenmischung, gleich morgens auf nüchternem Magen zu sich nimmt. Natürlich auch auf eine ausgewogene Ernährung (80% basenbildend und 20% säurebildend) achten.

Ein altbewährtes Mittel ist das Kartoffelwasser. Es gibt eine Vielzahl an Basenmischungen. Wenden Sie sich an Ihre Apotheke des Vertrauens.

Teststreifen PH-Urin-Wert

Test siehe übergebene Tabelle.

Ergebnisse: jahrelang plagender Kopfdruck kann verschwinden, Gedächtnis kann sich erheblich bessern, Umschwung in der Stimmung (fröhlich).
Verfolgen Sie dies konsequent, schaffen Sie sich eine Gesundheitsvorsorge fast zum Nulltarif.

Beginnen Sie gleich. Ihr Körper wird es Ihnen danken, Sie werden es sich danken....

Hier eine Aufstellung Säureüberschüssiger Nahrungsmittel

Aal, Anchovis, Avocado, Bauchfleisch, Bier, Blutwurst, Bockwurst, Bonbons, Brathering, Bratwurst, Bries, Butterkeks, Curry, Ketchup, Dorsch, Drops, Edamer, Edelpilzkekse, Eierlikör, Eisbein, Emmentaler (45% Fett i.Tr.), Erdnüsse, Fasan, Fischstäbchen, Fleisch, Fleischwurst, Forelle, Frankfurter, Frikadellen (Hamburger), Gänseleber, Gans, Gelbwurst, Gorgonzola, Hackfleisch, Hase, Hecht, Heilbutt, Hering, Hummerkrabben, Jagdwurst; Jakobsmuscheln, Kabeljau, Käsekuchen, kandierte Früchte, Karpfen, Kartoffel-Chips, Kassler, Kirschwasser, Kochwurst, Kokosfett, Kokosnuss, Kotelett von Schwein, Krebsfleisch, Kroketten frittiert, Kunsthonig, Lachs, Lamm, Languste, Laugenbrezel, Leber, Leberknödel, Leberwurst, Lebkuchen, Limonade, Linsen, Madeira, Makrelen, Malzbier, Marzipan, Mayonnaise, Mettwurst, Miesmuscheln, Niere, Nougat, Obstwein, Ochsenzunge, Parmaschinken, Pfifferlinge, Pfirsich aus der Dose,

Pilze, Pommes Frites, Remoulade, Rinderbraten, Roastbeef, Rohrzucker, Rollmops, Rotbarsch geräuchert, Rotwurst, Rum, Rumpsteak, Sachertorte, Salami, Salz, Sardellen, Sardinen, Schinken roh, Schmelzkäse, Schweinefleisch fett, Seelachs, Sekt, Speck, Suppenwürfel, Teewurst, Thunfisch in Öl, Truthahn, Weinbrand, Weißwein, Weißwurst, Whisky, Wienerwürstchen, Wildschwein, Zanderfilet, Zimtsterne, Zucker, Zunge.

Basenüberschüssige und neutrale Lebensmittel

Ananas, Apfel, Apfelkuchen (Hefeteig), Apfelmus, Apfelsaft, Apfelsinensaft natur, Apfelwein, Aprikosen, Artischocken, Aspik, Auberginen, Austern, Bambussprossen, Bananen, Birnen, Bleichsellerie, Blumenkohl, Bohnen (grün), Briekäse, Brokkoli, Brombeeren, Butter, Buttermilch, Camembert (30% Fett i.Tr.), Chicorée, Diätmargarine, Diätöl, Diätsalz, Dickmilch, Dill, Dillgurken, Distelöl, Eisbergsalat, Endiviensalat, Erbsen (frisch), Erdbeeren (frisch), Essiggurken, Fenchel, fettarme Milch, Filet v. Kalb, Filet v. Rind, Frischkäse, Gänsebrust, Gelatine, Grahambrot, Grapefruitsaft, Graubrot, Graupen, Gries, Grünkohl, Gurken, Hagebutten, Harzerkäse, Hefe, Heidelbeeren, Himbeeren, Hirse, Honigmelone, Huhn gebraten und gekocht, Hüttenkäse, Joghurt, Johannisbeeren, Kaki-Früchte, Kalbshaxe, Karotten, Kartoffeln, Kartoffelknödel, Kartoffelsuppe, Kirschen, Knäckebrot, Knoblauch, Kohlrabi, Kondensmilch, Kresse, Leinsamen, Magermilch, Mais, Margarine, Maultaschen, Melone, Milch (1,5% und 3,5% Fett), Mineralwasser, Mirabellen, Nektarinen, Nudeln, Nüsse, Orangen, Orangensaft, Petersiele, Pfirsich frisch, Pflaumen, Porree, Pumpernickel, Putenfleisch, Quark (Magerstufe), Quitten, Radieschen, Rahmspinat, Rehkeule, Reis (Vollkorn), Rettich, Rinderfilet, Roggenmehl (Typ 997), Roggen-Vollkornbrot, Rosenkohl, Rote Bete, Rotkohl, Sanddornsaft, Sauerkraut, Sauerkrautsaft, saure Sahne, Schellfisch, Schichtkäse, Scholle, Schwarzwurzel, Sellerie, Sojakeimlinge, Sonnenblumenöl, Spargel, Spinat, Suppengemüse, Tee, Tomaten, Tomatensaft, Trüffel, Vollkornbrot, Weißkohl, Wirsingkohl, Zitronen, Zucchini, Zuckermais, Zwiebeln.

Tagesaufnahme

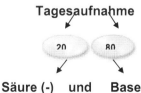

**Säure (-) und Basen (+)
In den Nahrungsmitteln**

Gemüse		Früchte	
Rosenkohl	-9,9	Apfel, reif	+4,1
Artischocke	-4,3	Johannisbeere, rot	+2,4
Erbsen, reif	-3,4	Johannisbeere, schw.	+6,1
Wirsing, weiß	-0,6	Erdbeere	+3,1
Grünkohl im März	+0,2	Birne	+3,2
Grünkohl im Dezember	+0,4	Kirsche, sauer	+3,5
Rotkraut	+6,3	Kirsche, süß	+4,4
Rhabarber (nur Spargel)	+6,3	Ananas	+4,6
Porreeknollen	+7,2	Datteln	+4,7
Brunnenkresse	+7,7	Banane, unreif	+4,8
Schnittlauch	+8,3	Mirabellen	+4,9
Schnittbohnen	+8,7	Zwetschgen	+4,9
Porreeblätter	+11,2	Himbeere	+5,1
Sauerampfer	+11,5	Heidelbeere	+5,3
Brechbohnen, grün	+11,5	Pflaume, süß	+5,8
Spargel	+1,1	Pfirsich	+6,4
Zwiebel	+3,0	Aprikose	+6,6
Blumenkohl	+3,1	Preiselbeere	+7,0
Wirsing, grün	+4,5	Brombeere	+7,2
Feldsalat	+4,8	Trauben, reif	+7,6
Erbsen, frisch	+5,1	Stachelbeere, reif	+7,7
Spinat, Ende März	+13,1	Korinthen	+8,2
Sellerie	+13,3	Apfelsinen	+9,2
Tomate	+13,6	Zitrone	+9,9
Kopfsalat, fr. aus Freiland	+14,1	Banane, reif	+10,1
Endivie, fr. aus Freiland	+14,5	Mandarine	+11,5
Löwenzahn	+22,7	Rosinen	+15,1
Gurke, fr. aus Freiland	+31,5	Hagebutten	+15,5
		Feigen, getrocknet	+27,5

Mehl, Teigwaren, Körnerfrüchte	
Reis, geschält	-39,1
Roggenmehl, Auszug	-16,4
Graupen	-13,7
Reis, naturbelassen	-12,5
Weizengrieß	-10,1
Haferflocken	-9,2
Nudeln, weiß	-5,9
Grünkern, Suppengrieß	-4,6

Mehl, Teigwaren, Körnerfrüchte	
Reisstärke	-4,6
Buchweizengrütze	-3,7
Weizenmehl, Auszug	-2,6
Nudel, Vollkorn	-2,0
Nudeln, Soja	-0,2
Kartoffelstärke	+2,0
Linsen	+6,0
weiße Bohnen	+12,1
Soja-Mehl	+12,8
Soja-Granulat	+24,0
Soja-„Nüsse"	+26,5
Soja-Reinlezithin	+38,0

Bei Soja-Produkten gibt es, je nach Fertigungsart und dem Herkunftsland, große Qualitätsunterschiede! **Fettarmes Sojamehl (von Hensel)**

Früchte: Dosenfrüchte (auch Selbsteingemachtes) weisen ernährungsphysiologisch starke Minuswerte auf. Tiefkühlobst wird durch den Kälteschock zwar wertgeschädigt, behält jedoch weitgehend Restwerte.

Kartoffeln, Wurzelgemüse		Milch und Milcherzeugnisse	
Schwarzwurzel	+1,5	Hartkäse	-18,1
Rettich, weiß im Frühjahr	+3,1	Quark	-17,3
Kohlrübe	+3,1	Sahne	-3,9
Kartoffel (mag. bon.)	+4,7	H-Milch	-1,0
Kartoffel	+8,1	Buttermilch	+1,3
Kohlrabi	+5,1	Ziegenmilch	+2,4
Meerrettich	+6,8	Molke	+2,6
Karotte	+9,5	Schafsmilch	+3,2
Rote Rübe, frisch	+11,3	Kuhmilch (Vorzugsmilch)	+4,5
Rettich, schwarz im Sommer	+39,4		

Brot, Zwieback		andere Eiweißträger	
Schwarzbrot Graubrot)	-17,0	Schweinefleisch	-38,0
Weißbrot	-10,0	Kalbfleisch	-35,0
Kommissbrot	-7,3	Rindfleisch	-34,5
Zwieback, weiß	-6,5	Seefisch	-20,0
Schrotbrot	-6,1	Süßwasserfisch	-11,8
Vollkornbrot	-6,0	Putenfleisch	-10,5
Vollwertbrot	-4,5	Steinpilze	+4,0
Knäckebrot (Schweden)	-3,7	Pfifferlinge	+4,5
Zwieback (Vollkorn)	-2,2		
Vollkornknäcke (Schweden)	-0,5		

Eiweiß: Beim Hühnerei unterscheiden sich die Werte je nach Fütterung zwischen minus 18,0 bis 22,0 (Mittelwert: 20,0).

Nüsse		Fette	
Erdnüsse	-12,7	Margarine	-7,5
Paranüsse	-8,8	Butter	-3,9
Walnüsse	-8,0		
Mandeln, süß	-0,6		
Haselnüsse	-0,2		

Speiseöle: sind von der Wertigkeit höchst unterschiedlich. Dabei liegen Raffinadeöle höher im Minus als erstgepresste/ kaltgepresste Öle.

Sonstige Säurebildner: alle Arten von Alkohol, wobei z.B. Schnaps höher im Minus liegt als Wein und Bier, Bohnenkaffee, Schwarztee, alle Marmeladen und Schokoladenerzeugnisse.

Arbeitstabelle
Säure-Basen-Eigenkontrolle

Ihr/e
Betreuer/in_____

Telefonnummer_____

Zeitl.
Erreichbarkeit_____

Name, Vorname_____   _____

Wie erfahren wir unseren pH-Wert?

Verwenden Sie die sehr genauen „Labor Indikator-Teststreifen" aus der Apotheke für Ihre Harn-pH-Messung. Messen Sie bitte zu den in der Tabelle genannten Zeiten. Durch kurzes Eintauchen des Indikationsstreifens in den Urin-Mittelstrahl erhalten Sie die Färbung. Dann können Sie den Papierstreifen mit der vorhandenen Farbskala vergleichen und so den pH-Wert ablesen.

Bitte tragen Sie in die nachstehend abgebildete Tabelle Ihre gemessenen Harn-pH-Werte zur Auswertung ein. Die erste Messung sollte nüchtern, beim ersten Gang auf die Toilette erfolgen. War dies bereits in den früheren Morgenstunden (z.B. 4 Uhr), dann messen Sie bereits hier und tragen Sie diesen Wert in die Spalte ein.

Addieren Sie am Ende der Messungen die Einzelergebnisse und teilen Sie die Summe durch die Anzahl der Einzelmessungen. Den errechneten Mittelwert tragen Sie dann in das Feld „Ergebnis" ein.

Datum	6:00 Uhr	9:00 Uhr	12:00 Uhr	15:00 Uhr	18:00 Uhr	Durchschnitt

Ergebnis:_____

Wenn die richtig ermittelte Zahl 7,0 oder höher lautet, beglückwünschen wir Sie zu einem zurzeit optimalen Harn-pH-Wert und empfehlen Ihnen, diesen Wert mit gezielten Maßnahmen unbedingt zu erhalten. Ihre Gesundheit sowie Ihr allgemeines Wohlbefinden wird es Ihnen danken! Bei Abweichungen sollten Sie unbedingt im Interesse der Erhaltung Ihres Wohlbefindens und Ihrer Gesundheit eine Verbesserung herbeizuführen

Achtung: Sollten Sie bei jeder Messung den Wert von 7,0 angezeigt bekommen, so kann dies auf eine sogenannte Nierensperre hindeuten. In diesem Fall würden die Nieren keine Säuren mehr ausleiten, um sich selbst zu schützen. Konsultieren Sie zu Ihrer Sicherheit Ihren Arzt.

V. Bewegung für einen aktiven Körper

„Ich bin" ist ein Verb und ständig in Bewegung- (so ein Zitat aus dem Werk „Die Hütte"- Ein Wochenende mit Gott-)

Bewegung gehört in jeden Tag. Hier entscheiden Sie, wie Ihr Körper seinen notwendigen Sauerstoffaustausch erfährt.
Möglichst, morgens vor dem Frühstück 30 min Walken, mindestens 3 x pro Woche oder täglich oder super leicht laufen.

Bis zu einem bestimmten Puls verbrennen wir Fett, wir laufen, gehen, walken oder bewegen uns im Sauerstoffüberschuss (aerob), d.h. der Muskel hat genügend Sauerstoff um Fett zu verbrennen, ca. um 140/125 Puls.

Um herauszufinden, ob der optimale Fettverbrennungsbereich erreicht ist, gibt es verschiedenste Herangehensweisen:

❖ Lactatwertermittlung durch den Sportmediziner
❖ Faustformel in Abhängigkeit vom Alter, aber auch ein 70 jähriger kann fitter sein als sein Bekannter und hieraus einen ganz anderen Wert erhalten
❖ Eine weitere Faustformel besagt, wer beim Gehen, Walken, ultra leicht Laufen 2 x einatmet und 3 x ausatmet, bewegt sich im Sauerstoffüberschuss (in Verbindung mit den Schritten) und ziemlich nah am idealen Fettverbrennungspunkt. Voraussetzung sind schnelle kleine Trippelschritte. Die Atmung ist der Drehzahlbegrenzer. Sie können gar nicht schneller laufen, die Atmung bremst Sie.

Beginnen Sie: 4-6 Wochen ,3 x einatmen, 3 x ausatmen, dann 3 x einatmen, 4 x ausatmen

Bewegung

Bewegung: optimaler Fettverbrennungspuls

Achtung: Atmung = 3 x einatmen, 3 x ausatmen
Bewegung so steigern, dass diese Atmung immer noch stimmt.

Gegenkontrolle: Ruheherzfrequenz (RHF) messen = Pulsschläge in der Minute

RHF + (220- ¾ Lebensalter (LA) – RHF) *X (Trainingszustand)

= Ergebnis ist die Trainingsherzfrequenz (Grenzpuls) mind. 10 Schläge

<u>Pulsuhr entsprechend einstellen</u>: d.h. 146-136

z.B. errechneter Grenzpuls = 146

Der Trainingszustand X bei Laufanfänger bzw. Untrainierte
X = 0,60 bis 0,65

bei mittelmäßig Fitten
X = 0,65 bis 0,70

bei Wettkampferfahrenen
X = 0,70 bis 0,75

Bitte jeder für sich ausrechnen.
Sie können nach einer Eingewöhnungszeit Ihren
Trainingsplan erstellen.

Suchen Sie sich eines der drei Kardio-Workouts aus und trainieren Sie dreimal pro Woche. Natürlich können Sie immer dasselbe Programm durchziehen. Experten empfehlen jedoch gelegentlich abzuwechseln. So werden Geist und Körper mehr gefordert und Sie gewöhnen sich nicht so schnell an eine Trainingsform.
Genauso können Sie das Workout immer auf Ihrem Lieblings-Kardiogerät absolvieren- oder Stepper, Laufband, Spinningrad, Ellipsenträger alternativ benutzen. Wählen Sie das manuelle Menü. Mit den Optionen Geschwindigkeit, Widerstand oder Steigung können Sie steuern, wie intensiv Sie trainieren. Denn der persönliche Intensitätslevel (PIL), also die Schwierigkeitsstufe, spielt eine ganz wichtige Rolle für dieses Training – bei den meisten Geräten in Zahlen von 1 bis 10 angegeben. Werfen Sie einfach einen Blick auf die Tabelle unten, da steht genau, wie's funktioniert.

INTENSITÄT DES WORKOUTS

Der persönliche Intensitätslevel (PIL) ist ein Anhaltspunkt, wie intensiv Sie gerade trainieren. Beobachten Sie Ihren Körper und schätzen Sie sich selber ein:

PERSÖNLICHER INTENSITÄTSLEVEL

3-4	leicht bis gemäßigt unterhalten.	Sie können sich noch problemlos
5	mäßig etwas Mühe aber	Konversation wir immer schwieriger. Mit durchzuhalten
6 schwierig		
7 anstrengend		
8	sehr anstrengend drin.	Mehr als ein paar Minuten sind da nicht
9	herausfordernd	

WARM-UP/ COOL-DOWN

Jedes Programm beinhaltet ein paar Minuten Warm-up und Cool-down. Sie sollten zusätzlich nach dem Workout ein kleines Stretching anschließen, vor allem die Beine gut dehnen. Halten Sie jede Dehnung 15 bis 20 Sekunden ohne nachzufedern. Atmen nicht vergessen...

Ziel I- Schmelzfabrik

Wollen Sie auf die Weihnachtsplätzchen nicht verzichten? Dann ist diese 45-Minuten-Workout genau das Richtige für Sie. Durch die zunehmende Intensität in den drei Intervallen, kombiniert mit den drei Leistungsspitzen, verbrennen Sie zusätzlich Energie. Der Extrakick: Sie definieren Ihre Beine mit diesem Workout. Als Belohnung gibt's sichtbar schlanke Muskeln – und verbrannte 412 Kalorien.

	EINSTEIGER	FORTGESCHRITTENE
WARM-UP	6 Min. bei PIL 3-4	5 Min. bei PIL 3-4
INTERVALL 1	2 Min. PIL 5	3 Min. PIL 5
	2 Min. PIL 6	2 Min. PIL 6

	2 Min. PIL 7	2 Min. PIL 7
	2 Min. PIL 8	2 Min. PIL 8
SPITZE 1	1 Min. PIL 9	1 Min. PIL 9
ERHOLUNGS-PHASE 1	5 Min. bei PIL 3-4	4 Min. bei PIL 3-4
INTERVALL 2	2 Min. PIL 5	3 Min. PIL 5
	2 Min. PIL 6	2 Min. PIL 6
	2 Min. PII 7	2 Min. PIL 7
	1 Min. PIL 8	1 Min. PIL 8
SPITZE 2	30 Sek. PIL 9	1 Min. PIL 9
ERHOLUNGS-PHASE 2	5 Min. bei PIL 3-4	4 Min. bei PIL 3-4
INTERVALL 3	2 Min. PIL 5	3 Min. PIL 5
	2 Min. PIL 6	2 Min. PIL 6
	2 Min. PIL 7	2 Min. PIL 7
	1 Min. PIL 8	1 Min. PIL 8
SPITZE 3	30 Sek. PIL 9	1 Min. PIL 9
COOL-DOWN	5 Min. bei PIL 3-4	5 Min. bei PIL 3-4

Reduziertes Programm für Einsteiger
Streichen Sie die Spitzen 2 und 3 sowie die Erholungsphase 2 und das Intervall 3. Das ergibt ein 32 Minuten-Kurzprogramm. Mit dieser Variante verbrennen Sie durchschnittlich 285 Kalorien.

Steigerung für Fortgeschrittene
Wenn Sie die Intensität des 45- Minuten-Workouts noch steigern möchten, probieren Sie unsere Advanced-Variante: verlängern Sie die Spitzen 2 und 3 von je 30 Sekunden auf 1 Minute bei PIL 9 – das bringt eine Extraminute Maximal-Intensität. Um den Kalorienofen noch mehr zu schüren, verkürzen Sie die Warm-Up und die Erholungsphasen um jeweils eine Minute und fügen Sie die so gewonnenen Minuten bei allen 3 Intervallen jeweils in PIL 5 hinzu. Bei dieser Variante verbrenne Sie etwa 435 Kalorien.

Ziel II - Feger

EINSTEIGER		FORTGESCHRITTENE
WARM-UP	6 Min. bei PIL 3-4	6 Min. bei PIL 3-4
INTERVALL 1	1 Min. PIL 8-9	1 Min. PIL 8-9
	1 Min. PIL 3-4	1 Min. PIL 3-4
	1 Min. PIL 8-9	1 Min. PIL 8-9
	1 Min. PIL 3-4	1 Min. PIL 3-4
	1 Min. PIL 8-9	1 Min. PIL 8-9
	1 Min. PIL 3-4	1 Min. PIL 3-4
	1 Min. PIL 8-9	1 Min. PIL 8-9
	1 Min. PIL 3-4	1 Min. PIL 3-4
	1 Min. PIL 8-9	1 Min. PIL 8-9
		1 Min. PIL 3-4
		1 Min. PIL 8-9
ERHOLUNGS-PHASE 1	5 Min. bei PIL 3-4	5 Min. bei PIL 3-4
INTERVALL 2	45 Sek. PIL 8-9	1 Min. PIL 8-9
	1 Min. PIL 3-4	1 Min. PIL 3-4
	45 Sek. PIL 8-9	1 Min. PIL 8-9
	1 Min. PIL 3-4	1 Min. PIL 3-4
	45 Sek. PIL 8-9	1 Min. PIL 8-9
	1 Min. PIL 3-4	1 Min. PIL 3-4
	45 Sek. PIL 8-9	1 Min. PIL 8-9
	1 Min. PIL 3-4	1 Min. PIL 3-4
	45 Sek. PIL 8-9	1 Min. PIL 8-9
		1 Min. PIL 3-4
		1 Min. PIL 8-9
ERHOLUNGS-PHASE 2	5 Min. bei PIL 3-4	5 Min. bei PIL 3-4

INTERVALL 3	30 Sek: PIL 8-9	1 Min. PIL 8-9
	1 Min. PIL 3-4	1 Min. PIL 3-4
	30 Sek. PIL 8-9	1 Min. PIL 8-9
	1 Min. PIL 3-4	1 Min. PIL 3-4
	30 Sek. PIL 8-9	1 Min. PIL 8-9
	1 Min. PIL 3-4	1 Min. PIL 3-4
	30 Sek. PIL 8-9	1 Min. PIL 8-9
	1 Min. PIL 3-4	1 Min. PIL 3-4
	45 Sek. PIL 8-9	1 Min. PIL 8-9
		1 Min. PIL 3-4
		1 Min. PIL 8-9
COOL-DOWN	5 Min. bei PIL 3-4	5 Min. bei PIL 3-4

Reduziertes Programm für Neueinsteiger
Lassen Sie die zweite Erholungsphase und das dritte Intervall einfach
weg. Bei diesem reduzierten 32-Minuten-Workout verbrennen Sie
durchschnittlich 325 Kalorien.

Steigerung für Fortgeschrittene
(Nicht länger als eine Woche) Trainieren Sie in den Intervallen 2 und 3
wie in Intervall 1 – damit verlängern Sie die PIL-Stufe 8 bis 9 jeweils
auf eine Minute. Um das Plateau völlig zu überwinden, schalten Sie
am Ende eines jeden Intervalls noch den Nachbrenner dazu: einfach
die letzte PIL-3-4-Stufe und die letzte PIL-8-9- Stufe um jeweils um
jeweils eine Minute verlängern. So verbrennen Sie pro Workout etwa
507 Kalorien.

Ziel III - Ausdauer

Sie wollten Ihre Energiereserven marathonfähig ausbauen? Dieses
45-Minuten-Workout fordert Ihren Körper mit vier Intervallen. Kurze
Ausflüge in die anaerobe Zone (in der Sie Energie ohne Sauerstoff
verbrennen) helfen Ihnen, die Ausdauer beträchtlich zu erweitern.
Diese Steigerung werden Sie spüren – garantiert! Das Geheimnis des
Trainings ist ebenso simpel wie raffiniert: indem Sie Ihren Körper
stärker fordern als bisher, gewöhnt er sich daran, mehr zu leisten.
Ebenso wichtig aber sind die Erholungsphasen zwischendurch; nur

durch dieses ausgeklügelte Zusammenspiel klappt's langfristig mit der Leistungssteigerung.

Pro Workout verbrennen Sie etwa 378 Kalorien.

EINSTEIGER		FORTGESCHRITTENE
WARM-UP	6 Min. bei PIL 3-4	5 Min. bei PIL 3-4
INTERVALL 1	1 Min. PIL 8-9 5 Min. PIL 6	2 Min. PIL 8-9 5 Min. PIL 6
ERHOLUNGS-PHASE 1	3 Min. bei PIL 3-4	3 Min. bei PIL 3-4
INTERVALL 2	1 Min. PIL 8-9 5 Min. PIL 6	2 Min. PIL 8-9 5 Min. PIL 6
ERHOLUNGS-PHASE 2	3 Min. bei PIL 3-4	3 Min. bei PIL 3-4
INTERVALL 3	1 Min. PIL 8-9 5 Min. PIL 6	2 Min. PIL 8-9 5 Min. PIL 6
ERHOLUNGS-PHASE 3	3 Min. bei PIL 3-4	3 Min. bei PIL 3-4
INTERVALL 4	1 Min. PIL 8-9 5 Min. PIL 6	2 Min. PIL 8-9 5 Min. PIL 6
COOL-DOWN	6 Min. bei PIL 3-4	6 Min. bei PIL 3-4

Reduziertes Programm für Neueinsteiger

Lassen Sie die Intervalle 3 und 4 und die Erholungsphase dazwischen weg. Mit diesem 30-Minuten-Workout verbrenne Sie ungefähr 260 Kalorien.

Steigerung für Fortgeschrittene

Reduzieren Sie die Aufwärmphase auf eine Minute. Verlängern Sie in allen vier Intervallen die PIL-Stufe 8 bis 9 auf zwei Minuten. Zusätzlich absolvieren Sie die Erholungsphasen mit PIL 6. Wenn Sie diese Variante wählen, sollten Sie sich danach unbedingt zwei Tage Erholung gönnen. Sie verbrennen hierbei etwa 440 Kalorien.

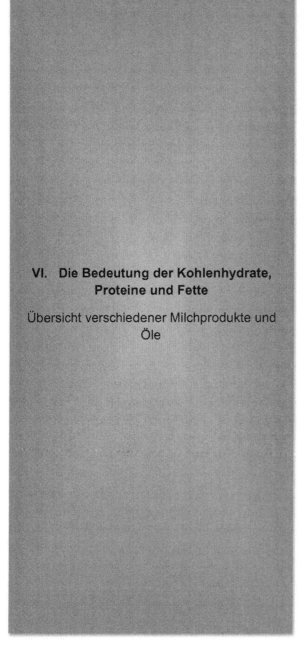

VI. Die Bedeutung der Kohlenhydrate, Proteine und Fette

Übersicht verschiedener Milchprodukte und Öle

Kohlenhydrate

Sie mögen sich wundern: Süßigkeiten, Nudeln, Kartoffeln, ja auch Obst und Gemüse sind Kohlenhydratlieferanten, denn Kohlenhydrate sind einfach verschiedene Formen von Einfachzucker, die zu Polymeren verbunden sind. Wobei Obst und Gemüse eine Sonderstellung einnehmen und zu den sogenannten „neutralen Lebensmittel" gezählt werden.

Wir alle benötigen eine bestimmte Menge an Kohlehydraten in unserer Nahrung. Das Gehirn muss versorgt werden und hierfür verlangt der Körper eine fortgesetzte Zufuhr von Kohlenhydraten. Glukose ist die Hauptenergiequelle zur Ernährung des Gehirns. Unser Gehirn ist im wahrsten Sinne ein Glukosefresser – es verschlingt förmlich im Ruhestand über Zweidrittel der im Blutkreislauf zirkulierenden Kohlenhydrate. Der Körper nimmt ständig Kohlenhydrate auf und verwandelt diese in Glukose um den Glukosefresser-Gehirn zu füttern. Dies ist eine sehr vereinfache Form der Darstellung.

Die Kohlenhydrate jedoch, die vom Körper nicht sofort verbrannt werden können werden in Form von Glykogen gespeichert. Es gibt zwei Glykogenspeicher: 1. die Leber und 2. die Muskeln.
Das in Muskeln gespeicherte Glykogen ist für das Gehirn unerreichbar aber das in der Leber gespeicherte Glykogen kann aufgespalten werden und in den Blutkreislauf zurückgesandt werden. So wird, der für die normale Gehirnfunktion notwendige Blutzuckerspiegel aufrechterhalten.

Die Kapazität der Leber, Kohlenhydrate in Form von Glykogen zu speichern, ist sehr begrenzt und kann innerhalb von 10-12 Stunden leicht erschöpft sein. So müssen die Glykogenreserven der Leber kontinuierlich aufgefüllt werden und deswegen essen wir Kohlenhydrate.

Der Durchschnittsmensch kann bis ca. 300-400 g Kohlenhydrate in den Muskeln speichern und in der Leber, wo diese in Glykogene umgewandelt werden können, vermag der Körper nur 60-90 g zu speichern. Sind die Speichergrenzen in der Leber und in den Muskeln erreicht, bleibt den unzähligen Kohlenhydraten nur noch ein Weg - in Fett verwandeln und so im adipösen (Fettgewebe)gespeichert zu werden.

Es gibt zwei Kohlenhydratuntergruppen

Einfache Kohlenhydrate: diese werden von Ihrem Körper sehr schnell in Zucker umgewandelt – u.a. Tafelzucker; Bonbons; süße Nahrungsmittel; süße Früchte.
Diese unterstützen die Gewichtszunahme, weil Sie Ihren Körper veranlassen, das Speicherhormon Insulin auszuschütten bzw. freizusetzen. Ein schneller und/oder großer Anstieg der Insulinkonzentration in Ihrem Körper bedeutet eine Verlangsamung des Stoffwechsels und ein Zunehmen kann die Folge sein.

Warum? Insulin ist ein Hormon, das den Blutzuckerspiegel in Ihrem Blut regulieren soll und wenn eine große Konzentration in Ihrem Blut vorhanden ist, veranlasst dies Ihren Körper die, wie bereits erklärt, nicht benötigten Kohlenhydrate- Kalorien als Fett zu speichern. D.h. regelmäßig und langfristig vorhandene hohe Konzentrationen an Insulin in Ihrem Blut schrauben Ihren Stoffwechsel herunter. Ein Grund warum Sie zunehmen.

Achtung: raffinierte Kohlenhydrate bringen Ihren Stoffwechsel zum Stillstand weil hier die Ballaststoffe und alle anderen Inhaltsstoffe entfernt wurden, die die Umwandlung in Zucker verlangsamt hätten.

Komplexe Kohlenhydrate: diese werden viel langsamer von Ihrem Körper in einfache Zucker verwandelt – u.a. Kartoffeln; Reis; Getreide…
Die Arten Kohlenhydrate, die für den Stoffwechsel gut sind und so auch für den Fettabbau, sind frische Vollwertprodukte wie Kartoffeln; Hafer; Gerste; Naturreis…

Proteine

Proteine gehören zu der Gruppe der Makronährstoffe. Für die Erhaltung des Muskelgewebes, der Haare und der lebenswichtigen Organe sind Proteine unbedingt notwendig. Proteine kommen hauptsächlich in tierischen Quellen wie Fisch, Fleisch und Geflügel vor. Es gibt auch nicht-tierische Proteinquellen wie Soja, Hülsenfrüchte, Nüsse und Proteinanteile werden auch aus Pflanzen gewonnen.
Achten Sie jedoch bei tierischen Proteinquellen sehr auf den Fettanteil. Eiweiß, Putenbrust, Hühnerbrust, sowie Truthahn, Pute, Huhn ohne Haut und fast alle Fischsorten verfügen über hohe Aminosäure-Anteile, die die Bausteine des Lebens darstellen und einen

extrem niedrigen Fettanteil haben. Daher sind sie ausgezeichnete Proteinquellen.

Die Menge der Aminosäure, die vom Blut aufgenommen werden wird vor allem durch die Verdaulichkeit der Eiweißquelle bestimmt. Kommen die Enzyme des Verdauungsapparates nicht an das durch Nahrung aufgenommene Eiweiß heran, passiert das unverdaute Eiweiß den Verdauungstrakt, ohne vom Körper aufgenommen und genutzt zu werden.

Nun kommen die Ballaststoffe ins Spiel. Je höher der Faseranteil des Eiweißes ist, desto niedriger ist seine Verdaulichkeit und desto geringer ist die Aufnahme essentieller Aminosäuren durch den Körper. Es ist also als ob ein bereits gegessenes Stück Fleisch zu einem Teil so wie es war, im Körper abgelegt wird (als wäre es nie gegessen wurde).

Pflanzliches Eiweiß hat in der Regel ein dichtes Fasersystem eingebaut. Es gibt hier einen Weg, die Verdaulichkeit wesentlich zu steigern: durch einfach isoliertes Eiweißpulver (isoliertes Sojabohnenpulver), dem die Faserstoffe chemisch entzogen wurden. Also auch ohne Fleisch – genug Eiweiß – um den Körperbedarf an Aminosäuren, einschließlich der essentiellen Aminosäuren – zu decken, z. B. Tofu und isoliertes Sojabohnenpulver.

Proteine kommen in größeren Mengen im Körper vor als jede andere Substanz Wasser ausgenommen. Die Hälfte des Körpertrockenmasse (Muskeln, Haut, Haare, Augen und Nägel) bestehen aus Eiweiß. Proteine sind elementarer Bestandteil der Zellen und der Enzyme, die ihre Funktion sichern. Selbst unser Immunsystem besteht im Wesentlichen aus Eiweißen. Aminosäuren und Eiweißbausteine bilden die Basis.

Rotes Fleisch besitzt eine höhere Konzentration an Bestandteilen wie Kreatin, Eisen, B12 und bestimmten Aminosäuren und lassen den Muskel größer werden. Sie werden auch raffinierte Nahrungsmittel, wie Proteinriegel, Shakes und Pulver entdecken, von denen behauptet wird, dass sie alle die Proteine enthalten, die Sie benötigen. Die meisten hiervon sind keine guten Proteinquellen. Die hierin enthaltenen Proteine sind meist von minderwertiger Qualität und viel Zucker und gesättigtes Fett weitere Zutaten

Michprodukte unter die Lupe genommen

Alle Menschen werden mit einem Enzym namens Laktase (ein Enzym des Dünndarms) geboren. Dieses ermöglicht dem Menschen, Laktose

= Milchzucker, in der Muttermilch zu spalten, damit diese vom Körper aufgenommen werden kann.

Bei vielen Menschen sinkt die Tätigkeit dieses Enzyms nach der frühen Kindheit sehr weit ab, so weit, dass viele Erwachsene eine Laktose-Intoleranz entwickeln. Diese Intoleranz wird im Volksmund auch als Milchzuckerallergie bezeichnet. Was bedeutet, dass Milch und Milchprodukte nicht bzw. kaum vom Körper aufgenommen und verdaut werden können. Wenn Laktose schlecht verdaut wird, dann können Winde, Krämpfe oder auch Durchfall auftreten.

Bei einer Laktose-Unverträglichkeit sind jedoch Joghurt – Buttermilch – einige Käsesorten verträglich, da die meiste Laktose in diesen Lebensmitteln bereits durch Bakterien umgewandelt ist.

Milcheiweiß – Allergiker sollten dagegen alle Milchprodukte meiden. Hier liegt eine Unverträglichkeit gegen das Milchprotein vor. Milch-Allergie zeigt sich bei zahlreichen Menschen als Auslöser für Asthma, Ekzemen, Arthritis usw.

Fette

Der Körper benötigt Fett, damit er richtig funktioniert – aber nicht in dem Ausmaß, wie es von den meisten Deutschen zu sich genommen wird.

Wenn Sie Fett essen, tragen Sie Fett mit sich herum. Das größte Problem bei Fetten ist, dass es eine sehr große Kaloriendichte besitzt. Fett besitzt viel mehr Kalorien als die gleiche Menge anderer Nahrungs- und Lebensmittel. Außerdem braucht Ihr Körper viel mehr Zeit, um es zu verwerten bzw. in Energie umzuwandeln. Sie sind jedoch wesentliche Energiequellen der Muskeln.

Die meiste Energie wird einfach für die Wärmeregulierung in unserem Körper verbraucht und um diesen Ofen anzuheizen, tragen wir zwei Hauptenergiequellen in uns:

1. gespeichertes Körperfett
2. gespeicherte Kohlenhydrate

Das bedeutet, einen gewissen Anteil an Fett benötigt unser Körper. Fett erhalten Sie sehr gut aus tierischen Quellen, Huhn; Fisch; Pute und weitere tierische Proteine. Nun ist aber eindeutig darauf zu achten, welche Fette Sie zu sich nehmen. Hier gibt es grobe

Unterteilung in die sogenannten guten (ungesättigten) Fettsäuren und die schlechten (gesättigten) Fettsäuren. Diese Bezeichnungen beziehen sich auf die chemische Struktur der Fette.

Ungesättigte (einfach und mehrfach) Fettsäuren stammen aus pflanzlichen Quellen. Tierische Fette sind meistens gesättigte Fette. Gesättigte Fette sind viel gefährlicher als ungesättigte, weil eine Ernährung, die viel gesättigte Fette enthält, Arteriosklerose (Verengung der Blutgefäße) verursacht, die zu Herzinfarkten und Schlaganfällen führt und diese sind weitaus krebsfördernder als ungesättigte. Ungesättigte Fette sollten bevorzugt werden und immer kaltgepresst sein und gut verschlossen an einem kühlen Ort gelagert werden.
Verwenden Sie zum Braten eher stabilere Fette wie Olivenöl, Rapskernöl oder Ghee (gereinigtes Butterschmalz). Für Ihre Salate verwenden Sie kaltgepresstes Sojaöl/ Distelöl/ Nussöl.

Jedoch Achtung: der durchschnittliche Fettbedarf eines Menschen am Tag beträgt ca. 1 EL Öl oder 8 TL gehackte Mandeln oder 8 Macadamianüsse oder 4 TL Walnüsse.

Damit decken Sie Ihren Tagesbedarf!!!
Übersicht verschiedener Milchprodukte

Inhalt in % zu 100 ml	Eiweiß	Kohlenhydrate	
Soja neutral	3,7	0,1	Eiweißprodukt
Soja Schoko	3,9	11,2	
Soja Vanille	3,8	6,2	
Hafermilch	0,7	8,9	KH-Produkt
Reismilch	0,1	8,9	KH-Produkt
Ziegenmilch	2,9	4,4	
Mandelmilch	…	…	
Öle	einfach ungesättigte Fette		mehrfach ungesättigte Fette
Rapsöl *[2]	60,5		27,4
Kürbiskernöl	32,0		48,8
Sojaöl	25,3		60,8
Distelöl	11,4		78,0
Erdnussöl *[3]	42,0		37,0
Olivenöl *[1]	69,0		12,0

*[1 2 3] gutes Bratöl

VII.   Die Soja-Wunderbohne

Die Soja-Wunderbohne

Die aus dem Inneren Chinas stammende Sojabohne (Glycine hispida) ist eine Hülsenfrucht, die zu den Schmetterlingsblütlern zählt, staudenförmig wie unsere Buschbohne wächst und dabei 60-100 cm hoch wird. Früher kannten wir sie nur als eiweiß- und fettreiches Körnerfutter- Grünfutterpflanze, die nebenher auch Speiseöl, Sojakuchenmehl und Autolacke liefern konnte. Heute schätzen wir diese uralte Kulturpflanze, die den ostasiatischen Völkern als wichtigste Ernährungsgrundlage dient, auch in Europa wegen Ihres ausgezeichneten Nähr- und Heilwertes.

Die Sojabohne besitzt einen sehr hohen und wertvollen Eiweißanteil, hohen Fett- und Lezithingehalt und keine Stärke im Kohlenhydratanteil. Die genauen Werte sind in folgender Tabelle der Hauptinhaltstoffe der Sojabohne im Vergleich mit dem daraus hergestellten Sojavollmehl zu entnehmen.

	Sojabohne	Sojavollmehl
Eiweiß	36%	40%
Fett	18%	21%
Kohlenhydrate	20%	26,5%
Mineralstoffe	4,5%	4,5%
Lipoide (Lezithin)	1,8%	2,0%
Rohfaser	5,2%	3,5%
Wasser	12,1%	6,0%

Durch die fehlende Stärke unterscheidet sich die Sojabohne wesentlich von unseren Hülsenfrüchten, die etwas 50% Kohlenhydrate, größtenteils in Form von Stärke, enthalten. Die ausgedehnte Verwendung der Sojabohne versetzt die Ostasiaten in die Lage, auf Fleisch, Milch, Käse und Eier verzichten zu können, also gerade auf die Nahrungsmittel, die dem Europäer als unentbehrlich erscheinen. Die Sojabohne wird bei den asiatischen Völkern in der einer Menge von sieben bis acht Millionen Tonnen zur Ernährung herangezogen.

Die Haupterzeugungsländer sind heute China und die USA. Bedeutend ist der Anbau auch in Japan, Indonesien, Brasilien und der Sowjetunion. Innerhalb der USA rangiert Sojabohnenerzeugung nach Baumwolle, Mais und Weizen bereits an vierter Stelle.

Inzwischen hat sich ebenfalls in Europa – besonders in Südeuropa, aber auch in Deutschland – der Sojaanbau eingebürgert, nachdem es gelungen ist, Sorten zu entwickeln, die unserem Klima angepasst sind. Es ist durchaus möglich, dass die Sojabohne für die Ernährung Europas einmal eine ähnliche Bedeutung gewinnt wie die Kartoffel seit dem 18. Jahrhundert.

Das Sojaeiweiß ist vollwertig, d.h. es enthält ebenso wie Fleisch, Eier, Milch und Fisch alle lebenswichtigen Aminosäuren. Da gleichzeitig die Purinkörper fehlen und darum keine Harnsäurebildung veranlasst wird, bleibt es in der Diät dem Fleisch- und Fischeiweiß überlegen. Vollwertige Sojaprodukte können sowohl in der normalen Ernährung wie auch in der Diät mit Vorteil Fleisch und Eier ersetzen.

Diese Verwendungsmöglichkeit hat einen großen diätischen Wert. Da der starke Fleisch- und Eiergenuss die europäischen Zivilisationskrankheiten, nämlich Herzleiden, Bluthochdruck, Angina Pectoris, Arteriosklerose, Gicht, Rheuma, Nieren- und Hauterkrankungen, weitgehend mit verschuldet, muss er in der diätischen Behandlung dieser Krankheiten vermieden werden. An die Stelle von Fleisch und Ei kann die Sojabohne treten. Dies aber noch aus einem anderen Grunde. An der Entstehung der schweren Blutgefäßerkrankungen ist auch das in den tierischen Lebensmitteln besonders reichlich vorhandene Cholesterin beteiligt. Soja ist cholesterinfrei!

Wirkungsweise

Das Fett der Sojabohne enthält kein Cholesterin und liegt im Vollsojamehl in feinstverteilter bis 99% verdaulicher Form vor. Durch den hohen Anteil an den lebensnotwendigen ungesättigten Fettsäuren (Vitamin F) ist das Fett biologisch hochwertig und damit in der Diät besonders verwendbar.

Wichtig und interessant ist der ungewöhnlich hohe Lezithingehalt der Sojabohne (2-2,5%), die nach dem Ei (3,7%) das lezithinreichste Nahrungsmittel darstellt. Das erleichtert nicht nur die küchentechnische Verwertung, die Sojabohne erobert sich dadurch vielmehr zugleich den Diätzettel, wenn es darum geht, die Nerven- und Gehirnfunktionen zu bessern oder wieder aufzubauen und die Leberverfettung zu verhüten.

Der Kohlenhydratgehalt mit dem Fehlen jeglicher Stärke ist ebenfalls diätetisch außerordentlich wertvoll. Die Kohlenhydrate machen 20-26,5% der Bohne oder des Sojavollmehls aus und bestehen hauptsächlich aus Zuckerstoffen (Stachyose, Arabin, Galaktan), die auch von Zuckerkranken verbrannt werden. Nur 5-6% der Kohlenhydrate bilden Zucker. Sojaprodukte sind daher für Zuckerkranke besonders gut geeinigt.

Der Mineralstoffgehalt der Sojabohne zeigt einen weit höheren Prozentsatz als die meisten anderen wichtigen Lebensmittel, nämlich 4,5-5%. Dieser Wert liegt 7mal höher als der der Milch, 5mal höher als bei Fleisch und Eiern, 3mal höher als bei Getreidemehlen und Cemüsen und 2mal höher als unserer bekannten Hülsenfruchte. Die Mineralstoffe der Sojabohne wirken im Stoffwechsel in hohem Grade alkalisierend, erhöhen somit die Alkali Reserve des Blutes. Unter den Mineralien fällt besonders der hohe Gehalt an Kalzium, Kalium, Magnesium und Eisen auf. Gering ist dagegen der Natrium- und Chlorgehalt, was für die salzlose Diät wichtig ist.

Alle Anforderungen, die wir heute an ein vollwertiges Nahrungsmittel und an ein hochwertiges Diätmittel stellen, werden von der Sojabohne in entsprechender Zubereitung (Vollmehl) in hervorragendem Maße erfüllt.

Hauptwirkstoffe in 100 g Frischsubstanz

Eiweiß	36 g	Vitamin A	80 I.E.
Fett	18 g	Vitamin B_1	1,14 mg
Kohlenhydrate	20 g	Vitamin B_2	0,31 mg
Natrium	4 mg	Vitamin B_6	0,64 mg
Kalium	1900 mg	Niacin	2,10 mg
Kalzium	226 mg	Vitamin C	Spuren
Magnesium	235 mg	Vitamin E	6-11 mg
Phosphor	554 mg		
Eisen	8,4 mg	Kalorien	403
		Joule	1685

Verwendung

Der ungewöhnlich hohe Nährwert der Sojabohne und der Sojavollprodukte wird erst klar, wenn man erfährt, dass 500 g Vollsoja im Eiweiß- und Fettgehalt etwa 5 l Vollmilch oder 28 Hühnereiern entsprechen. Sojaprodukte stellen also, soweit sie als vollwertig bezeichnet werden können, besonders für die vegetarische Küche eine wichtige Bereicherung dar. Sojamilch eignet sich statt Tiermilch für die Kinderernährung. Aus der Bohne lässt sich auch eine Art Butter (japanisch: Miso), Quark (Tofu) und die in Japan beliebte Sojatunke bereiten. Auch die berühmte Worcestersoße enthält Soja.

Die starke Anreicherung auch der Wirkstoffe neben den Nährstoffen macht Vollsojaprodukte zu einem vollwertigen Diätetikum. Bei allen Erkrankungen, die mit einem starken Verbrauch an Nähr- und Wirkstoffen einhergehen, sollten Sojazubereitungen einen täglichen Bestandteil der Diät darstellen, also bei Tuberkulose und anderen Infektionskrankheiten, bei Geschwulstleiden (Krebs), Erschöpfungszuständen, in der Rekonvaleszenz nach schweren Krankheiten, bei Anämien jeder Art, bei Strahlenschäden und Unterfunktionen der Hormon- und Verdauungsdrüsen.

Von großer Bedeutungen sind Sojazubereitungen bei allen Erkrankungen, die eine kochsalzarme, harnsäurefreie und cholesterinarme Diät verlangen, also bei Nierenerkrankungen, vielen Hautkrankheiten, Rheuma, Gicht, hohem Blutdruck, Angina Pectoris, Arteriosklerose und Gallensteinen.

Über die genannten Allgemeinwirkungen hinaus besitzt die Sojabohne aber auch noch spezielle Heilwirkungen. Prof. Mader heilte schwer an Pyurie (Infektion der Harnwege mit Kolibakterien) erkrankte Säuglinge nur durch eine mit Sojamehl hergestellte Nahrung, wobei er feststellte, dass der durch die Infektion stark saure Urin in 24 Stunden stark alkalisch wurde. Er fand auch heraus, dass Kinder, die an Ekzemen und anderen Hauterkrankungen litten und auf Tiermilch eine Verschlechterung erfuhren, bei Sojakost rasch gesundeten.

Der Ersatz der Tiermilch durch Sojamilch kann auch angebracht und heilsam sein bei Milchnährschäden, Asthma, Neigung zu katarrhalischen Infektionen, Drüsenschwellungen und Mandelvergrößerungen. Sojanahrung ist ferner vorzüglich geeignet für schlecht gedeihende Kinder, da sie alle zum Zellaufbau und zur Entwicklung nötigen Nähr- und Wirkstoffe in ausreichendem Maße enthält.

Auch Prof. Dr. Schellong hat über Erfolg mit Sojakost als Diätmittel berichtet, vor allem bei Zuckerkranken. Hier vermögen vollwertige Sojaprodukte die Harn- und Blutzuckerwerte zu senken und die Azidose Übersäuerung) durch die Basenzufuhr auszugleichen.

Die vielen guten Eigenschaften der Sojabohne sollten uns veranlassen, sie mehr als bisher zur täglichen Ernährung und zur diätetischen Behandlung heranzuziehen. Für die praktische Verwendung eignet sich am besten Sojavollmehl. Es ist von gelblicher

Farbe und angenehmem, nussartigem, etwas süßlichem Geschmack ist. Es muss trocken, kühl und gut verschlossen aufbewahrt werden.

Bei der Verwendung der ganzen, außerordentlichen harten Sojabohnen benötigt man vier Stunden Kochzeit, im (hierbei angebrachten)Dampfkochtopf allerdings nur 20 Minuten. Bei sorgfältiger Zubereitung können Sojabohnengerichte sehr schmackhaft und beliebt sein.

Am einfachsten ist die Verwendung des Sojamehls in Suppen und Soßen, Klößen, Frikadellen, vegetarischer Wurst, Mayonnaise, Süßspeisen, Kuchen und Backwerk.

Scit dic Nachfrage nach Soja immer mehr zunimmt, gibt es In Reformhäusern und Biomärkten und Supermärkten eine Fülle von Sojaprodukten, die nicht nur eine Bereicherung des täglichen Speisezettels darstellen, sondern auch einen hohen diätetischen Wert haben.

VIII. Welche Rolle spielen Gewürze für
einen aktiven Stoffwechsel

Mit Ghee gekochte Nahrung wird besser aufgenommen und ist leichter verdaulich!

<u>Gewürze</u>

Anis
Süß, bitter und leicht scharf, regt das Verdauungsfeuer an, beruhigend, schleimlösend und krampflösend

Ajuwan-Selleriesamen
Geschmack – Thymian, schärfer, bitterer Geschmack, verdauungsfördernd, es baut tiefsitzendes Ama (Stoffwechselschlacken) ab

Asa foetida
Reinigt das Blut und ist schleimlösend, regt die Verdauung an, wirkt gegen Blähungen, ist Ersatz für Zwiebel und Knoblauch

Bockshornkleesamen
Bitter, scharf, herb, verdauungsfördernd, Stoffwechselanregend (Leber – Galle – Milz), Vitamine A, B und C, Mineralstoffe, bindet Kohlenhydrate aus Kartoffel

Chilies
Belebung des Geistes, verdaut fettige und schwere Nahrung, belebt den Kreislauf

Koriander
Bitter, süß, leicht anregend, verdauungsfördernd, entzündungshemmend, Migräne, Toxine – Magen-Darmtrakt werden neutralisiert, gut für Diabetes, hat insulinähnliche Wirkung, setzt Insulin frei, lindert Pittastörungen und kühlt Pitta(Lebensenergie-Feuer), bindet Schwermetalle und leitet sie aus

Curryblätter
Wie Lorbeer, bitter, scharf, Leber, Nieren, Galle, Dhal-Suppen-Chutney's

Curcuma – Antibiotikum
Verdauung und Darmflora, gibt Energie und Wärme, entgiftet und reinigt das Blut, unterstützt die Eiweißverdauung, Safranersatz

Gewürznelken

Entgiftend, bakterienabtötend, Vermehrung der weißen Blutkörperchen, stärkt die Widerstandskraft, gut für das Nervensystem

Ingwer

Regt Agni (Feuer) an, ohne Pitta (Lebensenergie-Feuer) zu erhitzen, senkt den Cholesterinspiegel und Blutdruck, baut Ama (Stoffwechselschlacken) ab, stärkt das Immunsystem, erfrischt und entschlackt

Kardamon-süß

Stärkt Agni(Feuer), Herz – neutralisiert Toxine –Kreislauf, Stoffwechsel wird angeregt, gibt geistige Klarheit und gutes Gedächtnis

Kreuzkümmel

Scharf, bitter, regt Agni(Feuer) an, gleicht alle 3 Doshas (Lebensenergien Wasser-Feuer-Wind)) aus, entbläht, entgiftet und reinigt das Blut, stärkt Leber, Darm und Nieren, gleicht stark erhitzende Lebensmittel aus

Muskatnuss

Regt die Durchblutung an, fördert und harmonisiert die Blutzirkulation, harmonisiert den Körper, Geist und Seele

Salz-Steinsalz

Verbessert die Nährstoffaufnahme im Darm und wirkt schleimlösend

Safran

Regt Agni (Feuer) an, wirkt leicht abführend, harntreibend, beruhigt alle 3 Doshas
(Lebensenergien Wasser-Feuer-Wind)

Schwarzer Senf

Scharf, schwemmt Toxine aus Darm und Blase, regt Agni an, abführend, hilft gegen Appetitlosigkeit, Müdigkeit und Blähungen

Schwarzer Pfeffer

Regt Agni an, entwässernd, fiebersenkend, entzündungshemmend

Zimt

Entzündungshemmend, reguliert den Kreislauf, reinigend (Blut, Nieren)

Durch das anbraten in Ghee (geklärte Butter und ist im Biomarkt erhältlich) werden Gewürze

1. aufgeschlossen,
2. leichter verdaulich,
3. die Gewürze und ihre Heilwirkungen gehen besser in die Nahrung ein,
4. die Nahrung und Vitamine werden vom Körper besser aufgeschlossen.

IX. Schritte für die Innere Selbststärkung

Zweiter Schritt zum Umgang mit dem Problem

Anleitung zur Auto-Entspannung für zu Hause

Fantasiereise „geistiger Entspannungsort"

Gruppenreise ins „Sammeln und Loslassen"

Zweiter Schritt nach Ablauf von 3 Wochen „Step One"-Anwendung (siehe Seite 23)

- Problem spezifizieren

- Variante 1: Bei diesem Problem bleiben und es Mantren-artig wiederholen, ergänzt um folgende Formulierung…

- Variante 2: Mit diesem Problem starten und alle weiteren Assoziationen und Glaubenssätze ergänzt um folgende Formulierung…

- „…, und das kann sich ändern!"

- Während der gesamten Zeit mit Butterfly oder Knietepps bilateral stimulieren

Anm.: Danach als Hausaufgabe über 3 Wochen: immer, wenn ein Gedanke/ Glaubenssatz auftaucht, der mit dem Ausgangsthema zusammenhängt, ihn mit dieser Methode bearbeiten (mit Knietepps oder Butterfly). Erläuterung Tepping siehe Erster Schritt Seite 13)

Diese Übung idealerweise erst nach Step One einsetzen.

(Diese Übung hat ihre Wurzeln im hawaiianischen Schamanismus)

Anleitung zur Auto-Entspannung/Selbsthypnose (tägliches Anwenden zu Hause)

Richtiges Erleben und Intensivieren einer Anwendung der „Anleitung zur Selbsthypnose" zu Hause erreichen Sie durch eine erste gemeinsame Sitzung unter einer Anleitung.

Mit der Selbsthypnose haben Sie ein wundervolles Werkzeug an der Hand, von dem Sie vielfältig profitieren können. Unter anderem können Sie mit der Selbsthypnose Stressmanagement betreiben, Ihr Immunsystem ankurbeln oder lang ersehnte Ziele erreichen. Aber das Schönste daran ist, dass die Selbsthypnose keinerlei Arbeit macht und auch ohne langwierigen Lernprozess funktioniert. Sehen Sie es einfach als Kurzurlaub an, als Momente der Entspannung in der hektischen Welt. Und so geht's:

Einleitung der Selbsthypnose

Schaffen Sie sich ein geeignetes Umfeld. Es sollte Ihnen möglich sein, für ca. 15 Minuten ungestört zu bleiben. Das heißt: Telefon aus, vielleicht möchten Sie auch etwas schöne Musik auflegen?

Machen Sie es sich so richtig bequem. Ob Sie sitzen oder liegen, bleibt Ihnen überlassen. Wenn Sie leicht frieren, hält eine schöne Decke Sie schön warm. Jetzt sollten Sie langsam damit beginnen, die Alltagssorgen einfach mal loszulassen – die folgende Viertelstunde gehört Ihnen ganz allein, hier dürfen Sie ruhig mal egoistisch sein. Schließlich geht es um Ihre Gesundheit.

Schließen Sie die Augen. Eine kleine Angangsvisualisierung wird Ihnen helfen, die Alltagsprobleme erst mal ganz weit wegzuschicken: Stellen Sie sich vor, dass Sie vor sich eine große, weiße, flauschige Wolke haben. Packen Sie nun all Ihre Sorgen, Ihre Probleme und Ihre Ängste auf diese Wolke. Fertig? Dann geben Sie der Wolke einen ordentlichen Schubs, und schon saust sie davon - mit allen Ihren Problemen – bis sie irgendwo am Horizont ganz verschwindet.

Nun könne Sie mit der eigentlichen Selbsthypnose beginnen. Atmen Sie tief ein und wieder aus. Optimal wäre eine Zwerchfellatmung – Sie erkennen sie daran, dass sich beim Atmen die Bauchdecke hebt. Die Zwerchfellatmung kommt natürlich, wenn man sich entspannt. Versuchen also nicht, irgendetwas zu erzwingen – lassen Sie die Atmung fließen und atmen Sie weiter tief in den Bauch.

Konzentrieren Sie sich auf Ihre Atmung. Stellen Sie sich vor, wie Sie mit jedem Einatmen ein Stück Entspannung einatmen. Geben Sie der Entspannung ruhig eine Farbe, eine Konsistenz oder stellen Sie sich die Entspannung als Licht vor – das hilft Ihnen, das „Einatmen" der Entspannung noch realistischer zu erleben. So könne Sie sich zum Beispiel vorstellen wie Sie mit jedem Atemzug ein goldenes Balsam einatmen das sich anschließend in Ihrem Körper verteilt und Sie mehr und mehr entspannt. Wählen Sie einfach ein Bild, das Ihnen ein gutes Gefühl vermittelt. Wenn Sie möchten, können Sie die Entspannung auch durch formelhafte Suggestionen unterstützen: sagen Sie sich selbst im Geiste „mit jedem Einatmen sinke ich tiefer und tiefer in diese wundervolle Entspannung". Nicht jeder mag es, zusätzlich Suggestionen zu verwenden – probieren Sie also aus, was Ihnen am besten liegt.

Nun können Sie sich noch vorstellen, wie Sie Verspannung ausatmen: mit jedem Ausatmen weicht ein Stücken Verspannung mehr aus Ihrem Körper, Sie können sich vollständig lösen und entspannen. Konzentrieren Sie sich sowohl auf das Einatmen der Entspannung sowie auf das Ausatmen der Verspannung.

Bereits jetzt können Sie ein wunderbares Gefühl empfinden, wenn Sie sich hinein horchen. Genießen Sie diesen Zustand, im Prinzip haben Sie schon eine Selbsthypnose induziert. Für den Anfang reicht das völlig, wenn Sie allerdings nach ein paar Wochen den Wunsch verspüren, noch tiefer zu gehen: Kein Problem, nutzen Sie einfach die wirkungsvolle Intensivierungstechnik:

Intensivierung

Stellen Sie sich nun vor, Sie stehen vor einer Treppe, die über zehn Stufen hinab zu einer Tür führt. Diese Tür führt zu Ihrem ganz persönlichen, magischen Raum. Dieser Raum erlaubt es Ihnen, sich komplett zu entspannen und fallen zu lassen.

Gehen Sie die Treppe nun im Geiste hinab. Zählen Sie dabei rückwärts – von zehn bis null. Nach jedem Schritt können Sie sich suggerieren, noch tiefer in diesen wunderschönen Zustand zu sinken. Etwa so: „und noch viel tiefer sinke ich in diesen wunderschönen Schlaf" oder „immer tiefer und tiefer sinke ich, meine Entspannung wächst dabei mehr und mehr". Atmen Sie weiter tief und ruhig.

Kurz, bevor Sie das Ende der Treppe erreichen – also zwischen den Zahlen eins und null – können Sie sich noch folgendes suggerieren: „und bei null angelangt, sinke ich noch viel tiefer – doppelt so tief – in diesen wunderschönen Schlaf".

Nachdem Sie die Zahl null gezählt haben stehen Sie vor der Tür zu Ihrem magischen Raum. Schauen Sie sich die Tür genau an und öffnen Sie diese. Betreten Sie Ihren magischen Raum... dieser Raum ist wunderschön eingerichtet, genau so, dass er absolut perfekt für Sie ist! Atmen Sie tief ein und schmecken Sie die Luft in Ihrem Raum. Lassen Sie diese friedvolle Stille ein wenig auf sich wirken.

Horchen Sie einmal in Ihren Körper hinein, wo Sie sich gerade am glücklichsten fühlen. Stellen Sie sich dieses Glücksgefühl dann als ein Lichtkegel in Ihrer Lieblingsfarbe vor. Drehen Sie den „Lichtschalter" ordentlich auf und tauchen Sie Ihren ganzen Körper in dieses wunderschöne Licht. Lassen Sie es einfach geschehen und erleben Sie, wie Ihr ganzer Körper von einem Glücksgefühl durchdrungen wird.

Nach einiger Zeit entdecken Sie Ihre „Schlafcouch", die in Ihrem magischen Raum steht. Schlaftrunken wandeln Sie zu dieser Couch hin. Sie wissen, dass jeder, der sich in diese Couch hinein sinken lässt, augenblicklich dreimal so tief in diesen wunderschönen Schlaf fällt. Atmen Sie noch einmal gründlich ein und dann: lassen Sie sich in Ihre Schlafcouch sinken! Augenblicklich zieht ein wunderschönes Gefühl über Sie und Sie können sich noch ein wenig mehr fallen lassen. In dieser Schlafcouch öffnet sich Ihr Unterbewusstsein und Grenzen verschwinden: Sie können in dieser Couch das Unmögliche möglich machen! Reisen Sie an ferne Orte, sehen Sie sich genau so, wie Sie schon immer sein wollten…
Ihr Unterbewusstsein wird diese Bilder abspeichern und schon bald zu einem Teil Ihrer Realität werden lassen.

Suggestionsbeispiele, die gut zu Ihrer Sitzung passen:

- Mein Körper teilt mir von selbst, welche Speisen ihm guttun und welche Speisen ihm die benötigte Energie am effizientesten liefern.
- Es fällt mir spielend leicht auf die Signale meines Körpers zu achten, wann er wirklich Hunger verspürt und vor Allem wann er wohlig satt ist.
- Meine Lust auf Ungesundes schwindet.
- Die Lust und Freude auf Bewegung steigt von Tag zu Tag immer mehr und so bewege ich mich aus innerer Freude und Kraft.
- Ich fühle mich frei und habe das Ruder meines Lebens nun wieder selbst in der Hand. Mit jedem Tag wächst meine innere Freiheit und Sicherheit. Ich stehe mit beiden Beinen fest im Leben und erlebe wie sich mein Leben tagtäglich zum Besseren wendet.
- Wenn mein Unterbewusstsein mir signalisiert, dass sich mein Körper reinigt und erfrischt, fühlt sich das vielleicht manchmal ein wenig seltsam an. Ich freue mich darüber, frei zu sein und

erkenne das Gefühl als sicheres Zeichen dafür, dass ich mich körperlich und geistig regeneriere.

Um sich wieder aus der Hypnose zu lösen, gehen Sie wie folgt vor:

Rücknahme der Hypnose

Sagen Sie zu sich selbst im Geist: „Ich werde nun ganz langsam wieder aus diesem wunderschönen Zustand aufwachen. Ich zähle nun von eins bis drei – bei drei angelnagt bin ich hellwach, fühle mich fit und frisch." Sie müssen nicht wortwörtlich vorgehen, sondern vielmehr sinngemäß.

Zählen Sie anschließend von eins bis drei. Zwischen den Zahlen können Sie noch Suggestionen einbauen, wie z.B.: „ ich werde immer wacher und wacher. Mein Puls und mein Blutdruck erreichen für meinen Körper optimale Werte".
Bei drei angelangt öffnen Sie Ihre Augen. Lassen Sie sich noch ein, zwei Minuten Zeit, bevor Sie aufstehen – Sie werden sich dann absolut wohl, frisch und ausgeruht fühlen.

Es ist übrigens überhaupt nicht nötig, sich „Hypnotisiert" zu fühlen. Verzichten Sie also ruhig darauf, prüfen zu wollen, ob Sie denn nun schon in Hypnose sind: der Zustand lässt sich selber nur äußerst schwer erkennen. Lassen Sie den Prozess ganz einfach geschehen und befreien Sie sich von jedem eventuell vorhandenen Zwang, den Prozess kontrollieren zu müssen.

Mit der Selbsthypnose können Sie eine leichte bis mittlere Trancetiefe erreichen. Diese reicht aus, um mit positiven Suggestionen zu arbeiten.
Machen Sie einen „Kurzurlaub", arbeiten Sie mit Suggestionen.

Schon nach der ersten Selbsthypnose werden Sie ein verträumtes, entspanntes Gefühl in Ihrem Körper feststellen. Je öfter Sie mit der Selbsthypnose arbeiten, umso intensiver kann dieses Gefühl werden. Es lohnt sich also, am Ball zu bleiben und diese Technik regelmäßig zu praktizieren. Fangen Sie am besten mit den Punkten 1-6 an und heben Sie sich die intensivere Methode (1-12)auf, bis Sie schon ein wenig Übung mit der Selbsthypnose haben.
Anleitung für eine Fantasiereise mit der Gruppe

❖ Wann immer Sie zu Ihrem geistigen Entspannungsort gehen möchten, setzen oder legen Sie sich zuerst ganz bequem hin.

❖ Ziehen Sie Ihre Schuhe aus, öffnen Sie enge Kleidung und entspannen Sie sich völlig.

❖ Atmen Sie ruhig, gleichmäßig und tief und schließen Sie nun auch die Augen. Sorgen Sie dafür, dass Sie durch nichts gestört werden.

❖ Damit Sie sich durch äußeres Geschehen nicht ablenken lassen, bleiben die Augen geschlossen, bis Sie wieder aus Ihrem geistigen Entspannungsort zurückkehren.

❖ Atmen Sie tief ein. Und während Sie ausatmen, stellen Sie sich die Zahl SIEBEN und die Farbe ROT vor.

❖ Entspannen Sie dabei Ihren Kopf – zunächst die Kopfhaut, die Stirn und dann die Augenbrauen.

❖ Nun auch Ihre Ohren, das Kinn und lassen Sie auch die kleinen Muskeln um die Augenbrauen und den Mund locker – lassen Sie sie los und spüren Sie, wie Ihr ganzer Kopf und Ihr Gesicht sich entspannen.

❖ Atmen Sie dann wieder tief ein. Und während Sie ausatmen, stellen Sie sich die Zahl SECHS und die Farbe ORANGE vor.

❖ Entspannen Sie dabei Ihren Oberkörper – lassen Sie Ihre Schultern und Arme fallen und entspannen Sie dann Ihr Herz, Ihre Lungen und das Zwerchfell.

❖ Spüren Sie, wie Ihr ganzer Oberkörper sich entspannt und völlig locker wird.

❖ Atmen Sie wieder tief ein. Und während Sie ausatmen, stellen Sie sich die Zahl FÜNF und die Farbe GELB vor.

❖ Entspannen Sie dabei Ihren Bauch und die Beine bis zu den Füßen. Spüren Sie ganz deutlich, wie sich Ihr Bauch und Ihre Beine entspannen und sich alle Muskeln lockern.

- ❖ Ihr Körper ist nun völlig entspannt, alle Muskeln sind locker, und Ihre Nerven sind völlig gelöst.

- ❖ Atmen Sie wieder ganz tief ein. Und während Sie ausatmen, stellen Sie sich die Zahl VIER und die Farbe GRÜN vor.

- ❖ Entspannen Sie nun auch Ihren Geist – versuchen Sie aber nicht, Ihre Gedanken zu verdrängen. Lassen Sie diese kommen, aber hängen Sie Ihnen nicht nach, sondern lassen Sie sie vorüberziehen und verwehen.

    - ❖ Atmen Sie wieder ganz tief ein. Und während Sie ausatmen, stellen Sie sich die Zahl DREI und die Farbe BLAU vor.

- ❖ Spüren Sie, wie sich Ihr Geist mehr und mehr entspannt, wie die Gedanken verwehen und wie Sie geistig immer ruhiger werden.

- ❖ Atmen Sie dann wieder ganz tief ein. Und während Sie ausatmen, stellen Sie sich die Zahl ZWEI und die Farbe LILA vor.

- ❖ Ihr Geist wird nun absolut ruhig. Es kommen nun keine neuen Gedanken mehr. Sie spüren eine wunderbare Stille in sich.

- ❖ Atmen Sie noch einmal ganz tief ein. Und während Sie ausatmen, stellen Sie sich die Zahl EINS und die Farbe VIOLETT vor (wie Stiefmütterchen).

- ❖ Während Sie dieses VIOLETT vor Ihrem geistigen Auge sehen, spüren Sie in sich die absolute Stille. Sie geben sich ganz diesem wunderbaren Gefühl der absoluten Stille hin.

- ❖ Sie sind nun im Innersten Ihres Wesens. Die absolute Stille erfasst Ihr ganzes Ich und füllt es völlig aus.

- ❖ Sie selbst werden zu dieser absoluten Stille. Sie spüren, wie Sie sich in dieser wunderbaren Stille geistig und körperlich erholen und neue Kraft schöpfen.

❖ Gehen Sie nun aus dieser Stille in Ihrem geistigen Entspannungsort.

❖ Zählen Sie bis drei, und bei drei versetzen Sie sich an Ihren geistigen Entspannungsort.

❖ Schauen Sie sich dort um und fühlen Sie die angenehme Luft, spüren Sie den leisen Wind.

❖ Gehen Sie dort mit bloßen Füßen über den Boden und spüren Sie den Boden (das Gras oder den Sand) unter Ihren Füßen.

❖ Heben Sie eine Hand voll Erde auf und spüren Sie die feuchte Erde in Ihrer Hand – riechen Sie an dieser Erde.

❖ Wenn Sie Bäume dort haben, fühlen Sie einmal die Rinde. Ist sie glatt oder rau?

❖ Erfassen Sie Ihren geistigen Entspannungsort mit all Ihren Sinnen und fühlen Sie sich dort frei und wohl.

❖ Sie haben nun für das erste Mal genug getan und gehen wieder zurück. Zählen Sie langsam von eins bis sieben.

❖ Bei sieben öffnen Sie die Augen. Sie sind hellwach und bei bester Gesundheit und in völliger Harmonie mit dem Leben.

❖ Spüren Sie nun den tiefen inneren Frieden und eine heitere Gelassenheit, die Sie noch einige Zeit begleiten werden.

Immer, wenn Sie Verlangen danach haben, begeben Sie sich auf dem oben beschriebenen Weg an Ihren geistigen Entspannungsort und erholen sich. Diesen Weg in die innersten Schichten Ihres Wesens können Sie von nun an jeden Tag mindestens einmal gehen. Machen Sie einmal täglich „Urlaub für die Seele".
Gehen Sie aber stets nur auf diesem Weg dorthin, damit Ihnen der Weg vertraut wird wie das Ziel.

Sie können sich auch das „Runterzählen" auf Tonband oder MP3 sprechen und sich dann von Ihrer eigenen Stimme hinunterführen lassen.

Urlaub für die Seele

Wenn Sie dieses Band besprechen, vergessen Sie aber nicht,

eine entsprechende Pause einzuplanen, sobald Sie unten sind, damit Sie in dieser Zeit Ihrem Unterbewusstsein die gewünschten Informationen geben können, bevor Sie sich durch das Band wieder „hochzählen" lassen. (Auf Wunsch können solche Bänder oder Kassetten auch beim Verfasser angefordert werden.)

Ändern Sie nach Möglichkeit die Worte nicht, damit jedes Wort auf dem Weg zu Ihrem geistigen Entspannungsort zu einer vertrauten Stufe dorthin wird.

Anleitung für eine Gruppenarbeit

„Sie haben sich für sich selber Zeit genommen – eine ganz besondere Zeit -, und schließen die Augen, weil sich das gut anfühlt. Sie können ganz ruhig atmen und mit jedem Atemzug mehr und mehr zu sich selbst hingehen, wie wenn Sie eine Treppe hinuntersteigen, Schritt um Schritt, Atemzug um Atemzug näher zu sich.

Tun Sie das mit allem Respekt und aller Wertschätzung und bedingungslosen Anerkennung für sich selbst. Je tiefer und befriedigender die Atemzüge werden, umso angenehmer und behaglicher wird es sich anfühlen, und alles Unwichtige blendet sich von alleine aus.

Von außerhalb lassen sich noch diese und jene Geräusche vernehmen. Die aber können verstummen oder Ihnen sogar helfen, noch leichter in diesen besonderen Bewusstseinszustand zu gleiten. Nur Ihre Ohren hören aufmerksam auf meine Stimme, die Sie begleiten wird.

Sie haben sich ein Ziel für diese Übung gesetzt: von einem Schmerz, von einem Gedanken abzulassen, sich einer Last zu entledigen oder ein Kapitel zu schließen. Sie brauchen sich nicht darum zu kümmern, wie wohl Ihr Unbewusstes diese Arbeit leisten wird, und Sie brauchen das auch wirklich nicht zu wissen. Erlauben Sie sich einfach sich zurückzulehnen.

Um Ihr Unbewusstsein nun eine besondere Arbeit leisten zu lassen, drehen Sie einfach Ihre Hände mit den Handflächen nach oben, die Ellenbogen leicht angewinkelt, die Hände – wie Schalen- geöffnet.

Schön!

Sobald dann Ihr Unbewusstes zur Arbeit bereit ist, kann alles, was Sie beschwert und bedrückt und Sie hindert, innerlich frei zu sein – zu lange schon – auf geistige Art und Weise in Ihre Hände fließen: das Körperliche Gefühl, das seelische Gefühl, das untermalende Bild, die Stimmung, die darüber schwebt, Worte und Gedanken, die den Schmerz vertonen; kurz: das Erleben von Unglück, Pein und Beschwernis, das Ihre Tage und Nächte bislang trübte.

Und es beginnt zu fließen, aus dem Herzen hinaus, aus der Seele hinaus, aus dem Körper, aus dem Geist....
jede einzelne Zelle befreit sich von ihren Lasten. Alles fließt in Ihre geöffneten Hände, und ob Sie diesen Strom bemerken oder nicht, ist völlig egal....

Wie ein Frühjahrputz in Ihrem inneren Haus: Sie entrümpeln, Sie entledigen sich alter Sachen, die niemandem mehr dienen. Schauen Sie dazu in alle Ecken, kehren Sie aus, ent-müllen Sie Ihre Seele, schütteln Sie die Bürde von ihren Schultern.

Und all die Beschwernis fließt in Ihre Hände und vielleicht verspüren Sie jetzt erst, wie diese sich voller und schwerer anfühlen, vielleicht die eine Hand mehr als die andere...

Lassen Sie sich Zeit. Es gibt unendlich viel Zeit in der vorhandenen Zeit...

Das Unbewusste wägt genau ab, was Sie schon loszulassen bereit sind und was noch zu behalten ist. Und ab irgendeinen Zeitpunkt, noch nicht jetzt – und vielleicht braucht es noch einige ruhige, tiefe Atemzüge, vielleicht noch eine ganze Minute äußere Zeit, ganz andere innere – werden Sie tiefere Arbeit leisten.

Sie werden mit dem inneren Auge Ihre inzwischen gefüllten Hände betrachten und sich von dem darin Gesammelten verabschieden. Erst dann werden die Hände sich von alleine bewegen, sich wenden und entleeren.

So fangen die Hände überraschenderweise und vielleicht unbemerkt an – und die Hände machen das, nicht Sie – sich mit diesen

ruckartigen kleinen Bewegungen, die typisch für Hypnose sind, zu bewegen.
Die Unterarme drehen sich nach innen, die Hände – entspannt – leeren sich aus.

Sie drehen und drehen sich, wie ferngesteuert, aber von unbewusster Begabung gelenkt. Und Sie beobachten das mit aufmerksamer Neugierde, während sich die Entspannung von alleine vertieft.

Und wie ist es erbaulich, am Strand zu wandern, den Blick auf das unendlich weite Meer gerichtet, in die Ferne, da, wo Himmel und Wasser zusammenfinden… dabei Sand in den Händen zu halten und ihn ganz langsam, sachte herausrieseln zu lassen… Sandkorn für Sandkorn…
Und der Wind trägt ihn davon… spielerisch… luftig… leicht…

Gut, sehr gut!

Die Hände entleeren sich, entleeren sich vollkommen, soweit Unbewusstes Einverständnis besteht. Und ein tiefer Atemzug wird die Entlastung anzeigen.

Wie ist das angenehm!

Und Sie beobachten, was von alleine passiert… und lernen, nicht wissend, dass Sie lernen und spüren nach, wie sich jetzt das Herz anders anfühlt, auch die Seele, der Körper, und wie es im Kopf leichter und klarer wird und jede kleine Zelle sich energievoll strecken kann.

Und warum sollten Sie das nicht genießen?

Gut!

So eröffnen sich eine neuer Weg, ein neues Bild und neue Möglichkeiten, und die Sonne kann jetzt auch dahin scheinen, wo früher Schatten war. Überall sonnendurchflutet warm…

Und während Sie das lustvoll empfinden, prägt diese neue Erfahrung sich in Ihnen ein und mag sein, dass neue Träume während der Nacht den erholsamen Schlaf beflügeln…

Erlauben Sie sich jetzt alle Zeit, das Erlebte ausklingen zu lassen. Vielleicht mögen Sie auch eine innere Botschaft vernehmen oder sich noch einen Auftrag geben, ganz für sich im Stillen, welches nur Sie allein verstehen.

Und dann werden Sie bemerken, dass genug für heute erreicht haben, indem Sie das Bedürfnis bekommen, die Übung rund und stimmig zu machen und abzuschließen.

Das angenehme Gefühl bewahrend kommen Sie wieder hierher, klar und frisch, mit dem wunderbaren Gefühl, an innerer Freiheit dazugewonnen zu haben.

Und Ihr Gesicht, das spiegelt die schöne Erfahrung wider."

(Vor Beginn dieser Übung unbedingt nach dem Gesundheitszustand jedes Teilnehmers erkundigen. Personen mit psychischen Störungen sollten unbedingt zuvor ihren Arzt konsultieren).

X. Unterstützungshilfen für ein gesundes Leben

Intensiv-
Leberreinigungsprogramm (nach
Dr. Hulda   Clark)

sanfte Leberreinigung (nach Dr.
Hulda Clark)

Leberreinigungsprogramm
(nach Dr. Hulda Clark, USA „Heilverfahren aller Krebsarten"

<u>Man braucht:</u>

1 Dose zu 100 g Magnesiumsulfat „Bittersalz"
125 ml gutes Olivenöl
1 große oder 2 kleine Pampelmusen

<u>Vorgehensweise:</u> bei abnehmenden Mond

Am Tag, an dem man Abend mit der Kur beginnt, kein Fett essen,
keine Butter, kein Öl. Frühstück und Mittag können gegessen werden
aber ohne Fette.
Ab 14:00 Uhr nichts mehr essen.

Ab 16:00 Uhr nichts mehr trinken.

Um 17:00 Uhr Zubereitung des Bittersalzes:
3 randvolle Tassen (800 ml) kaltes Wasser in ein Gefäß schütten, an
diese Menge 4 EL des Bittersalzes geben. In der kommenden halben
Stunde immer mal umrühren, damit das Salz gut aufgelöst ist.

Um 18:00 Uhr – füllen Sie vom Bittersalzgemisch eine ¾ Tasse (200
ml) voll ab und trinken Sie es (die 3 anderen vollen Tassen bei der
Zubereitung ergeben 4 Tassen, die nur ¾ gefüllt sind.

Um 20:00 Uhr. die zweite Tasse mit ¼ Inhalt trinken.

Um 21:45 Uhr: gießen Sie die ½ Tasse Olivenöl (125 ml) in ein
Gefäß, das Sie später gut verschließen können. Dann pressen Sie die
Pampelmusen mit der Hand aus, bis Sie eine ¼ Tasse voll
bekommen; entfernen Sie das Fruchtfleisch und gießen Sie den Saft
zum Olivenöl in das Gefäß. Nun gut verschließen und Öl und Saft gut
durchschütteln bis die Mischung wässrig aussieht (nur frischgepresster
Grapefruit bewirkt das).

Um 22:00 Uhr: gehen Sie nochmal auf Toilette. Dann trinken Sie das
Öl-Saft-Gemisch auf einmal und legen sich sofort ins Bett! Bleiben Sie

mindestens 20 Minuten ruhig auf dem Rücken liegen - (wenn Sie nicht liegen, können die Steine nicht herauskommen. Je schneller Sie sich hinlegen, desto mehr Steine bekommen Sie heraus. Sie werden keine Schmerzen haben, denn die Ventile der Gallengänge sind wegen des Bittersalzes offen.). Schlafen Sie.

Am anderen Morgen: Beim Aufstehen nehmen Sie die 3. Portion Bittersalzlösung (¾ Tasse). Nicht vor **6:00 Uhr** trinken. Gleich wieder hinlegen.

2 Stunden später: nehmen Sie die 4. und letzte Portion Bittersalzlosung. Wenn Sie wollen, gehen Sie wieder ins Bett.

Wieder **2 Stunden später:** trinken Sie einen beliebigen Fruchtsaft, und eine ½ Stunde später essen Sie Obst. Wieder ½ Stunde später können Sie mit normalem Essen beginnen, bleiben Sie bei leichter Kost. Bis zum Abend sollten Sie sich wieder normal fühlen.

Das Reinigen der Leber verbessert Ihre Verdauung dramatisch, welch Grundlage der ganzen Gesundheit ist.
Es ist unglaublich, aber diese Reinigung beseitigt Allergien, Schmerzen in der Schulter, im Oberarm und im oberen Rücken. Sie fühlen sich energiegeladener und zunehmend wohler.

DIE REINIGUNG der LEBERGALLENGÄNGE ist das WIRKSAMSTE VERFAHREN, das Sie anwenden können um Ihre GESUNDHEIT ZU VERBESSERN.

Aufgabe der Leber ist es, Gallenflüssigkeit zu bilden, 1 bis 1 ½ Liter pro Tag!
Die Leber ist voller Gänge (Gallengänge), die die Gallenflüssigkeit zu einem großen Röhrengang hinleiten. Die Gallenblase ist an den Gallengang angeschlossen und fungiert als Speicher.
Das Essen von Fett und Eiweiß veranlasst die Gallenblase, sich nach etwa 20 Minuten zu entleeren, die gespeicherte Galle fließt in den Dünndarm.

Bei vielen Menschen, auch bei Kindern, sind die Gallengänge mit Gallensteinen verstopft. Manch entwickeln Allergien oder Nesselausschläge, manche haben auch keine Symptome. Wenn die Gallenblase mit einem Scanner untersucht oder geröntgt wird ist nichts zu sehen. Typischerweise befinden sich die Gallensteine nicht in der Gallenblase.

Es gibt über ein halbes Dutzend Arten von Gallensteinen, die meisten von ihnen enthalten Cholesterinkristalle.

Sie können rot, grün, weiß, schwarz oder braun gefärbt sein. Die grünen Steine haben ihre Farbe von einem Überzug aus Gallenflüssigkeit. Im inneren eines jeden Steines wird ein Bakterium gefunden. Ein Hinweis darauf, dass die Bildung eines Steines mit einem Teil eines abgestorbenen Parasiten begonnen haben könnte. Wenn die Steine größer werden und an Zahl zunehmen, veranlasst der Gegendruck auf die Leber weniger Gallenflüssigkeit zu produzieren.

Mit Gallensteinen im Leib kann viel weniger Cholesterin aus dem Organismus ausgetrieben werden, der Cholesterinspiegel kann daher steigen. Da Gallensteine porös sind, können sie all die Bakterien, Zysten, Viren und Parasiten aufnehmen, die durch die Leber gehen. In dieser Weise werden „Nester" von Entzündungen gebildet, die den Körper andauernd mit neuen Bakterien versorgen. Keine Magenentzündungen, wie Geschwüre oder Darmblähungen können dauerhaft geheilt werden, ohne die Gallensteine aus der Leber zu entfernen.

Wenn Sie die Leberentgiftung durchgeführt haben, schauen Sie am Morgen beim ersten und den darauffolgenden Durchfällen nach den Gallensteinen. Schauen Sie nach der grünen Sorte, so sind Sie sicher, dass es Gallensteine sind und keine Nahrungsreste.

Nur Gallenflüssigkeit aus der Leber ist erbsengrün, dies bemerken Sie, wenn Sie die Steine mit dem Finger zerdrücken. Die Gallensteine schwimmen wegen des Cholesterins oben. Sie werden 2000 „Steine" zusammenzählen müssen, bevor die Leber sauber ist. Die Reinigung muss im 2-Wochen-Abstand wiederholt werden, denn die Steine aus dem hinteren Teil der Leber müssen allmählich nach vorne wandern. Erst dann können Sie ganz gesund werden.

Wie sicher ist die Leberreinigung? Sie ist sehr sicher! Meine Meinung stützt sich auf 500 Fälle, einschließlich Menschen im 8. und 9. Lebensjahrzent. Keiner musste ins Krankenhaus, nicht einmal einer klagte über Schmerzen. Leute, denen man die Gallenblase entfernt, bekommen immer noch viele gallenüberzogene Steine und jeder, der sich die Mühe macht, die Steine durchzutrennen, kann sehen, dass konzentrische Kreise und Kristalle von Cholesterin exakt mit den Abbildungen in den Lehrbüchern von „Gallensteinen" übereinstimmen.

(Bei Vorhandensein von Gallensteinen unbedingt mit dem Arzt des Vertrauens besprechen)

Sanfte Form der Leberreinigung

Drei-Tage-Kur

Man braucht:

1 Liter frischer Apfelsaft
½ Liter Olivenöl
¼ Liter Apfelessig

Alles kommt in eine Flasche und wird gut geschüttelt.

Am ersten Tag wird viermal am Tag ein Glas dieser Mischung getrunken, zusammen etwas mehr als ein halber Liter. Vor jedem Eingießen muss die Mischung aber kräftig geschüttelt werden, damit sich das Öl nicht absetzten kann.
Drei Äpfel sind die gesamte Ernährung an diesem Tag, getrunken werden dürfen 2-3 Liter naturreiner Apfelsaft.

Am zweiten Tag wird das zweite Drittel der Mischung zwei- oder dreimal über den Tag verteilt getrunken und dazu wieder Äpfel und Apfelsaft.

Am dritten Tag wird der verbleibende Teil der Mischung wieder auf zwei- oder dreimal verteilt und getrunken und dazu dann mittags ein großer Rohkostsalat gegessen. Am Abend kommt dann ein Gemüsegericht auf den Tisch.

XI. „Achtung Süßstoff"

Essen wir gesund? Krank durch gesunde Ernährung

Der Süßstoff Aspartam, und die Folgen! Autorin Nancy Markle

Die amerikanische Multiple Sklerose Gesellschaft F.D.A. versuchte während der Internationalen Umweltkonferenz mit dem Unternehmen Monsanto, dem Hersteller des Süßstoffes Aspartam – eine Einigung zu treffen.

In den USA zeigen sich quer über dem Kontinent ungewöhnlich hohe und nicht erklärbare Anstiegsraten der Autoimmun-Erkrankungen Multiple Sklerose und Lupus, und man konnte das Toxin (Gift), welches sich hierfür verantwortlich zeigte, bislang nicht finden.

Ab einer Temperatur von 34 Grad Celsius wandelt sich der Holzalkohol (Methylalkohol) in den Süßstoff ASPARTAM in Formaldehyd und dann in Ameisensäure um. Nun wiesen die Mediziner Dr. Roberts und Dr. H.J. Blackroy darauf hin, dass die Symptome einer Methylalkoholvergiftung denen einer MS sehr ähnlich sind. Für Menschen, denen diese Fehldiagnose gestellt wurde und der Fehler nicht erkannt wird, ist dies ein Todesurteil!

Es wurde nachgewiesen, dass Lupus verstärkt bei starken Diät-Cola- und Diät-Pepsi-Trinkern auftrat. Weitere gesundheitliche Folgen dieses Süßstoffes, welcher unter anderem unter den Produktnamen „NutraSweet", „Equal", „Spoonful"... im Verlauf angeboten wird, können sein: Fibromyalgie-Symptome, Spasmen, einschießende Schmerzen, Sehstörungen, Taubheitsgefühl in den Beinen, Kopfschmerzen, Gelenkschmerzen, Tinnitus, Depressionen, Gedächtnisverlust...

Alkohol, welcher aus Holz gewonnen wird, macht blind. Dies wussten bereits unsere Eltern. Methylalkohol wird in der Retina der Augen in Formaldehyd umgewandelt. Formaldehyd gehört zu derselben Klasse von tödlichen Giften wie Cyanid oder Arsen.

Bereits als ASPARTAM in „nur" 100 Nahrungsprodukten eingesetzt war, gab es Anhörungen zu den angesprochenen Nebenwirkungen, weiter folgten, dennoch geschah nichts. Mittlerweile sind die Patenrechte von Monsanto abgelaufen und immer mehr Produzenten stellen diesen Zuckerersatzstoff her. In über 5000 Nahrungsmitteln wird Aspartam nun verwendet.

Aspartam verändert die Gehirnchemie, es ändert die Dopamin-Spiegel im Gehirn. Stellen Sie sich die Auswirkungen bei Parkinson-Patienten vor. Es verursacht auch Geburtsfehler. Dr. Roberts wies nach, dass Patienten, welche Aspartam absetzten, durchschnittlich 19 Pfund Gewicht verloren. Er sagt: Aspartam macht fett und Formaldehyd speichert sich in den Fettzellen.

Dr. Blackroy schrieb ein Buch mit dem Namen: „ The Taste That Kills" – Der Geschmack, der tötet (Health Press 1-800643-2665). Darin wird auch aufgezeigt, dass die mit Aspartam zugeführten Eiweißbausteine Aspartin- und Phenylalaninsäure ohne die in Proteinen sonst vorhandenen anderen Aminosäuren, für die Nerven giftig sind. Sie können sogar die Blut/ Hirnschranke durchdringen und zum Tod von Nervenzellen im Gehirn führen. Alzheimer kann so bereits in jungen Jahren ausgelöst werden.

ASPARTAM ® (Nutra-Sweet)
Ein lebensgefährlicher Süßstoff, der sich in vielen Esswaren befindet, zum Beispiel in „Coca-Cola"

(phi 26.10.2001) Aspartam, auch bekannt als Nutra-Sweet, Equal, Spoonful, Canderel, Sanecta oder einfach E951 ist ein sogenannter Zuckerersatzstoff (E950-999). Die chemische Bezeichnung lautet „L-Aspartyl-L-Phenylalaninmethylester", Aspartam besitzt die 200-fache Süßkraft von Zucker und hat 4 kcal/g (16,8 kJ/g). Nicht nur bei Diabetikern, sondern auch bei Körperbewussten beliebt wegen seines im Vergleich zu Saccharin oder Cyclamat sehr natürlichen „Zuckor"-Geschmacks ist Aspartam in mehr als 90 Ländern (seit das Patent der Firma „Monsanto" bzw. der Tochterfirma „Kelco" ausgelaufen ist) weltweit in mehr als 9000 Produkten enthalten.

Aspartam ist ein sog. **Dipeptidester** der beiden Aminosäuren **L-Asparaginsäure** und **L-Phenylalanin**. Beide Aminosäuren werden mittels Mikroorganismen hergestellt, die amerikanische Firma G.D. Searle & Co., Tochterfirma des Chemiegiganten Monsanto, soll ein Verfahren entwickelt haben, um Phenylalanin durch genmanipulierte Bakterien preisgünstiger produzieren zu lassen. Auch die Hoechst AG besitzt angeblich Patente dafür (Quelle: G. Spelsberg, Essen aus dem Genlabor, Verlag Die Werkstatt, 1993). Das Problem mit Aspartam ist nun, dass es menschlichen Körper wieder in seine Grundsubstanzen

Asparaginsäure (40%), Phenylalanin (50%) sowie Methanol (10%) zerfällt: **Phenylalanin** ist für Menschen, die unter der angeborenen Stoffwechselkrankheit Phenylketonurie (PKU) leiden, sehr gefährlich. Durch einen Mangel oder Defekt an dem körpereigenen Enzym Phenylalaninhydroxylase, welches Phenylalanin (das auch im Körper vorkommt) in Tyrosin umwandelt, häuft sich Phenylalanin im Körper an und wird von ihm in Phenylbrenztaubensäure umgewandelt. Die Folgen sind u.a. verkrümmtes Wachstum und „Schwachsinn". Deshalb müssen Lebensmittel mit Aspartam mit dem Hinweis „enthält Phenylalanin" versehen sein. Nur welcher Durchschnittsbürger kann mit diesem Hinweis etwas anfangen. Außerdem verursacht ein erhöhter Phenylalaningehalt im Blut einen verringerten Serotoninspiegel im Hirn, der zu emotionellen Störungen, wie zum Beispiel Depressionen führen kann. Besonders gefährlich ist ein zu geringer Serotoninspiegel für Ungeborene und Kleinkinder. In einer eidesstattlichen Erklärung vor dem US-Kongress hat Dr. Louis J. Elsas außerdem gezeigt, dass Phenylalanin von Nagetieren (auf denen die Untersuchungen des Herstellers Monsanto beruhen) weit besser abgebaut wird als von Menschen.

Asparaginsäure ist noch gefährlicher. Dr. Russel L. Blaylock von der Medizinischen Universität von Mississippi hat mit Bezug auf über 500 wissenschaftliche Referenzen festgestellt, dass drastisch hohe Mengen freier ungebundener Aminosäuren, wie Aspartamsäure oder Glutaminsäure (aus der übrigens Mononatrium-Glutamat zu 90% besteht) schwere chronische neurologische Störungen um eine Vielzahl andere akute Symptome verursacht. Normalerweise verhindert die sogenannte Blut-Hirn-Barriere (BBB) einen erhöhten Aspartam und Glutamat-Spiegel genauso wie andere hohe Konzentrationen von Giften in der Versorgung des Hirns mit Blut. Diese ist jedoch erstens im Kindesalter noch nicht voll entwickelt, zweitens schützt sie nicht alle Teile des Gehirns, drittens wird die BBB von einigen chronischen oder akuten Zuständen beschädigt und viertens wird sie durch extremen Gebrauch von Aspartam und Glutamat quasi überflutet.

Das beginnt langsam, die Neuronen zu beschädigen. Mehr als 75% der Hirnzellen werden geschädigt, bevor klinische Symptome folgender Krankheiten auftreten: MS, ALS, Gedächtnisverlust, hormonelle Probleme, Verlust des Hörvermögens, Epilepsie, Alzheimer, Parkinson, Hypoglykämie u.a. Ich bin kein Arzt und besitze keine medizinische Bildung, aber ich wünsche niemandem auch nur ein einziges dieser furchtbaren Leiden. Der Hersteller Monsanto und die offiziellen Behörden der meisten Länder schweigen sich darüber aus oder präsentieren Forschungsergebnisse, die das genaue Gegenteil behaupten. Eigentlich kann einem da nur schlecht werden.

Methanol (auch Holzalkohol genannt, chemisch Methylalkohol) ist mindestens genauso gefährlich. Schon geringe Mengen Methanol, über einen größeren Zeitraum eingenommen, akkumulieren sich im Körper und schädigen alle Nerven, ganz besonders die sehr empfindlichen Sehnerven und die Hirnzellen. In normalen alkoholischen Getränken, die ebenfalls Methanol enthalten, wirkt der Ethylalkohol dem Methylalkohol teilweise entgegen und schwächt seine Wirkungen ab. Nicht in Aspartam!

Methanol wird aus Aspartam freigesetzt, wenn es mit dem Enzym Chymotrysin zusammentrifft. Die Absorption von Methanol durch den Körper wird noch beschleunigt, wenn dem Körper freies ungebundenes Methanol zugeführt wird. Methanol wird aus Aspartam auch frei, wenn man es über 30°C (86°F) erhitzt. Aspartam zerfällt dann in all seine guten Bestandteile (s.o.). Also lassen sie sich die warme Coke-Light das nächste Mal schmecken. Nein; im Ernst: 1993 hat die FDA (Food and Drug Administration, USA) den Gebrauch von Aspartam für Lebensmittel freigegeben, die über 30°C erhitzt werden. Unglaublich, aber wahr!

Es gibt auch Hypothesen, die das sogenannte Golfkriegs-Syndrom (GWI – Gulf War Illness), mit dem viele US-Soldaten nach Hause gekommen sind, auf überhitzt gelagerte Coke-Light-Dosen zurückzuführen sind, die (in extremen Mengen) den Soldaten den Aufenthalt in der Wüste erträglich machen sollten.

Aspartam ist auch einer von mehreren Verursachern von Lupus. Die Krankheit Lupus erythematodes breitet sich vor allem unter Cola- und Pepsi Light Trinkern aus. Diese Menschen trinken häufig 3 bis 4 Dosen pro Tag und leiden somit unter einer Methanol-Vergiftung, welche die Krankheit Lupus auslösen kann. Die Wenigsten wissen, dass die Inhaltsstoffe ihres Getränkes letztlich die Ursache der Krankheit sind und setzten daher ahnungslos die Zufuhr der Giftstoffe fort. Dies kann unter Umständen zu lebensgefährlichen Situationen führen. Stoppen die Lupuskranken die Zufuhr von Aspartam, verschwinden die Symptome meistens, aber die Krankheitsfolgen sind nicht umkehrbar.

Folgende Symptome können Anzeichen einer erhöhten Aspartambelastung sein: Muskelschmerzen (Fibromyalgie), Krämpfe, einschießende Schmerzen, Gefühlslosigkeit in Armen und Beinen, Schwindel, Kopfschmerzen, Ohrensausen, Gelenkschmerzen, Depressionen, Panikattacken, verwaschene Sprache, unscharfes Sehen, Gedächtnisschwund. Diese Symptome ähneln sehr den Symptomen von Multiple Sklerose und Ärzte sollten deshalb bei diesen Symptomen nach dem Coca-Cola-Genuss fragen. Die falsch diagnostizierten Multiple-Sklerose-Kranken wurden symptomfrei als die Zufuhr von Aspartam gestoppt wurde. Einige erhielten danach wieder ihre Sehfunktion und das Hörvermögen zurück.

Methanol wird übrigens vom Körper durchaus abgebaut und zwar zu Formaldehyd (Formalin, chemisch Methanal) und Ameisensäure (chemisch Methansäure). Formalin ist ein tödliches Nervengift und wird vom Körper angesammelt und nicht abgebaut. Aber machen Sie sich keine Sorgen: die Mengen Formalin, die Ihre Spanplattenschränke und –regale abgeben, sind winzig im Vergleich zu den Mengen eines Dauerkonsums von Aspartam. Auch Ameisensäure ist für den Menschen extrem giftig, wenn es sich im Blutkreislauf befindet. Nochmal zu Nachrechnen: Der ADI (Acceptable Daily Intake – tägliche akzeptable Dosis) von Methanol ist 7,8 mg/Tag. Ein Liter mit Aspartam gesüßtes Getränk enthält ca. 56 mg Methanol. „Vieltrinker" kommen so auf eine Tagesdosis von 250 mg. Das ist die 32-fache Menge des empfohlenen Grenzwertes!

Symptome einer Methanol-Vergiftung sind: Kopfschmerzen, Ohrensausen, Übelkeit, Beschwerden des Verdauungstaktes, Müdigkeit, Vertigo, Gedächtnislücken, Taubheit und reißende Schmerzen in den Extremitäten, Verhaltungsstörungen und Neuritis. Die bekanntesten Symptome sind aber verschwommenes Sehen, fortgeschrittene Einengung des Gesichtsfeldes, Zerstörung der Netzhaut und Blindheit. Formaldehyd ist krebserregend und verursacht Zerstörung der Netzhaut, Störungen bei der DANN-Replikation und Geburtsfehler. Durch ein Fehlen von verschiedenen Schlüsselenzymen ist die Wirkung bei Menschen wesentlich stärker als bei anderen Säugetieren. Was wiederum die Tauglichkeit von Tierexperimenten in Frage stellt, die vom Konzern angestellt wurden.

Diketeropiperazin (DKP) ist ein Beiprodukt, das bei der Erhitzung und dem Abbau von Aspartam entsteht und in Verbindung gebracht wird mit Hirntumor. Kein Kommentar!

Jetzt taucht bei Ihnen natürlich die Frage auf, warum das nicht allgemein bekannt ist! Dafür gibt es sicherlich zwei Gründe: erstens tauchen solche Meldungen nicht in der Tagespresse auf wie zum Beispiel Flugzeugabstürze und zweitens verbinden die meisten Menschen ihre Beschwerden nicht mit ihrem langandauernden Aspartam-Konsum. Die Freigabe von Aspartam als Nahrungsmittelzusatz durch die FDA (Food and Drug Administration, USA) ist ein Beispiel für die Verbindung von Großkonzernen wie Monsanto und den Regierungsbehörden sowieso der Überflutung der wissenschaftlichen Gemeinde mit gewollt falschen Informationen und Desinformationen. Es liegen Beweise vor, die bestätigen, dass Labortests gefälscht worden sind, Tumore und Versuchstiere entfernt worden sind und offizielle Behörden bewusst falsch informiert wurden.

Bei der Markteinführung von Aspartam, gab es Anhörungen vor dem amerikanischen Kongress. Damals war Aspartam in ca. 100 Produkten zu finden, Auch nach zwei weiteren Anhörungen wurden keine Konsequenzen gezogen. Mittlerweile verwendet man Aspartam in über 5.000 Produkten und der Patenschutz ist abgelaufen. D.h. jeder kann nu Aspartam herstellen und verkaufen. Die Taschen der Industrielobby sind sehr tief! Mittlerweile erblinden Menschen, weil Aspartam in der Augennetzhaut (Retina) zu Formaldehyd umgewandelt wird. Die Giftigkeit von Formaldehyd entspricht der gleichen wie Zyanid und Arsen. Beides sind tödliche Gifte.

Aspartam verändert den Stoffwechsel der Hirnnervenzellen. Dies führt zu epilepsieähnlichen Erscheinungen. Parkinson-Kranke haben einen verminderten Dopaminhalt, der durch Aspartam zusätzlich gesenkt wird. Aspartam wurde ursprünglich als Mastmittel entwickelt, weil es das Sättigungszentrum im Gehirn außer Funktion setzt. Aspartam ist kein Diätprodukt, sondorn es fördert die Fettablagerung. Der Formaldehyd wird in den Fettzellen gespeichert. Als mehrere Patienten den Rat Ihres Arztes befolgten, das Aspartam zu vermeiden, verloren diese 9 kg Fett.

Aspartam kann für Diabetiker sogar gefährlich werden. Diabetiker mit einem kranken Augenhintergrund (Retinopathie), sollte man nach ihrem Aspartamkonsum fragen. Häufig ist es nicht der Diabetes, sondern das Aspartam, das den Augenhintergrund schädigt. Aspartam lässt den Blutzucker verrücktspielen, was zur Unterzuckerung und auch zu diabetischen Koma führen kann. Gedächtnisstörungen rühren daher, dass Aspartinsäure und Phenylalanin Nervengiftstoffe sind. Sie passieren die Blut-Hirnschranke und zerstören die Gehirnzellen.

Aspartam führt so auch zu einer epidemieartigen Zunahme der Krankheit Alzheimer. Mittlerweile werden schon 30-jährige mit der Diagnose Alzheimer ins Pflegeheim überwiesen!

Aspartam kann neurologische Geburtsschäden verursachen. In Tierstudien fand man, dass Tiere Gehirnkrebs entwickelten, wenn man sie mit Aspartam fütterte. Menschliche Gehirntumore enthalten große Mengen an Aspartam. Das Phenylalanin verändert sich zu DXP, welches Gehirnkrebs verursacht.

Der Hersteller von Aspartam (Firma Monsanto) finanziert die Amerikanische Diabetesgesellschaft, die American Dietetic Gesellschaft und die Konferenz der American College of Physicians. Die New York Times legte in einem Artikel von 1996 offen, wie die American Dietetic Gesellschaft Geld von der Lebensmitteindustrie entgegennimmt und dafür deren Produkt fördert.

Als kleine Dreingabe: Aspartam stand bis Mitte der 70er Jahre auf einer CIA-Liste als potentielles Mittel zu biochemischen Kriegführung. GUTEN APPETIT!!!

Das gefährliche Aspartam wird nicht verboten. Andererseits wird das völlig natürliche pflanzliche Süssmittel Stevia von der EUROPÄISCHEN UNION verboten, nur weil es keine Untersuchungen für die Unschädlichkeit gibt. An solchen kostenaufwendigen Untersuchungen ist aber niemand interessiert, weil man sich STEVIA nicht patentieren lassen kann, denn es wächst in Südamerika und bedarf keiner patentfähigen Verarbeitung. Es wird mindestens seit 200 Jahren von den Indianern in Südamerika genutzt und hat noch niemand geschadet. Obwohl STEVIA in der EU nicht zugelassen ist, wird es bis jetzt noch in vielen Versandgeschäften für biologische Lebensmittel vorrätig gehalten.

Die Verbreitung dieser Information kann Leben retten – tragen Sie auch dazu bei, indem Sie Freunde, Verwandte und Bekannte warnen, Produkte mit Aspartam zu konsumieren.

XII.   Gluten und die Unverträglichkeit

Gluten

Gluten (Synonyme: Kleber, Klebereiweiß) ist ein Eiweiß, das in Weizen, Roggen, Gerste, Dinkel, Grünkern, Emmer, Einkorn, Kamut enthalten ist, nicht dagegen z.B. in Mais, Reis, Buchweizen, Kartoffeln oder Hülsenfrüchten. Hafer enthält von Natur aus keine Gluten, ist aber in der Praxis sehr häufig mit glutenhaltigen Getreiden verunreinigt und muss daher wie ein glutenhaltiges Getreide behandelt werden.

Gluten ist der in Salzwasser unlösliche Teil des Proteins des Getreides. Gluten macht ca. 80% des Gesamteiweißes in Weizen aus und besteht aus den beiden Proteinen Gliadin und Glutenin.

Die Menge an Gluten ist für die Backfähigkeit ("Gashaltefähigkeit") von Weizenmehlen ausschlaggebend. Gluten ist dehnbar und ist im Weizentag auf der Gare dafür, dass die Gärgase gehalten werden und somit das Gebäck aufgehen kann. Im fertigen Gebäck sorgt das geronnene Klebergerüst dafür, dass das Gebäck seine Form behält.

Die Aufgabe des Müllers besteht darin, Weizenpartien so zu mischen, dass die Kleberqualität für die Herstellung von Brot und Kleingebäck optimal ist.

Im handelsüblichen Weizenmehl liegt der Trocken- Klebergehalt bei ca. 13%. Da trockener Kleber etwa das Zwei- bis Dreifache seines Eigengewichtes an Wasser aufnehmen kann, liegt der Feucht--Klebergehalt in Teigen etwa 30-35%.

Im Labor wird der Kleber ausgewaschen in dem ein Teig mit Kochsalzlösung gespült wird bis die Jodprobe angezeigt, dass im Auswaschwasser keine Stärke mehr vorhanden ist. Zurück bleibt der kaugummiartige Kleber.

Die Eigenschaften des Klebers (dehnbar-elastisch oder bockig-kurz) werden hauptsächlich durch die Sorteneigenschaften des Weizens vorgegeben. Die Kleberqualität kann im Labor durch verschiedene Untersuchungen (eine Dehnungsprüfung mit dem Extensographen® der Gluten Index mit dem Glutomatic®-Gerät) festgestellt werden.

Gluten Unverträglichkeit

Bei normaler Verdauung ist Gluten ungefährlich, aber bei Gluten empfindlichen Menschen wird die Dünndarmschleimhaut geschädigt, so dass keine normale Verdauung mehr möglich ist.

Typische Anzeichen für eine Gluten Unverträglichkeit (Fachausdruck: Zöliakie, Sprue oder glutensensitive Enteropathie) sind Blähungen, Übelkeit, Bauchschmerzen, Appetitlosigkeit und ständiger Durchfall.

Weiterhin scheint es, dass manche Menschen Gluten (ebenso wie auch Kasein, d.h. Milcheiweiß) nicht vollständig verdauen können, und dass in diesem Fall zurückbleibenden unverdauten Peptide auf das Gehirn und Nervensystem dieser Menschen eine Opioid-artige Wirkung entfalten. Die Folgen sind offenbar Antriebslosigkeit, Müdigkeit, Depression, krankhafte Abneigung gegen soziale Kontakte, verminderte Schmerzempfindung, allgemein verarmtes Gefühlsleben, chronische Verstopfung, etc. (eben die typischen Opiod-Wirkungen), wobei die Schwere der Wirkungen variiert. Auch für Autismus ist dieser Effekt als eine von mehreren möglichen Ursachen im Verdacht. Diese ganze Theorie wird jedoch zwar durch einige Experimente nahegelegt, aber noch keineswegs bewiesen.
Wenn Sie sich angesprochen fühlen, dann testen Sie sich aus, indem Sie für einen festgelegten Zeitraum Nahrungsmittel mit Glutenen reduzieren oder ganz meiden.

XIII. Rezepte

Beerenshake

- Beeren (Himbeeren/ Blaubeeren/ Johannesbeeren/ Cranberry)
- kurbeln die Fettverbrennung an
- hier kann ein schmackhafter Beerenshake eine Zwischenmahlzeit sein
- z.B. Himbeeren 80 g + 150 ml Milch/Mandel-oder Reis-oder Sojamilch oder 0,3% entrahmte Milch + Süße nach Geschmack + etwas Zimt
- alles mixen und fertig

Hühnchen Mexikana

Grillen, braten oder sautieren Sie eine Hühnerbrust (in Wasser oder natriumfreier Brühe) und geben Sie dann reichlich hausgemachte Salsa hinzu. Servieren Sie das Gericht mit aromatisiertem Reis.
Hausgemachte Salsa: 5 reife Tomaten, 2-3 Chilis, 25 g frische Korianderkörner, ½ TL
Schwarzer Pfeffer, 115 g weiße Zwiebel, 4 Frühlingszwiebel,
110 ml frischer Limettensaft und 2 Zehen Knoblauch (zerdrückt oder zerhackt).
Am schnellsten geht es wenn Sie alles in einen Mixer werfen und einige Sekunden lang zerkleinern.

Hühnchen in Wein: In Wein sautiertes Hühnchen (Gewicht immer nach Plan), Knoblauch, Kartoffelpüree, Spargel. Ein Gericht zum Mittag und oder Abendessen.

Folienkartoffel mit Chili gefüllt (Mittag oder Abendessen)

500 g magere Putenbrust oder Hühnerbrust, 1 gehackte Zwiebel, 1 zerdrückte Knoblauchzehe, 1 grüne Paprika (entkernt und gehackt), 400 g Kidneybohnen (abgegossen), 700 g gewürfelte Tomaten, 1 TL Oregano, ½ TL Kreuzkümmel, ½ TL schwarzer Pfeffer, ½ TL Cayennepfeffer.

!!! Denke dabei an Deine persönliche Mengenangabe, die Du verzehren kannst pro Gericht!!!

1. Bräunen Sie die Hühnchen u oder Putenbrust in einer beschichteten Kasserolle oder einem großem Topf mit Zwiebeln, Knoblauch und grünem Paprika auf mittlerer Hitze an, bis alles gut durch ist und schöpfen Sie das ausgeschwitzte Öl ab.
2. Geben Sie die Gewürze und Bohnen dazu. Rühren Sie eine Minute lang.
3. Geben Sie die Tomaten hinzu und kochen Sie das Ganze auf. Stellen Sie den Herd auf klein und lassen Sie das Ganze unter gelegentlichem Rühren 10-15 Minuten köcheln.

Wenn Sie es nicht so scharf wünschen, dann nehmen Sie weniger Cayennepfeffer. Das Ganze häufen Sie auf eine Backkartoffel und reichen dazu grünen Salat.

Wenn Gelüste kommen?

Süßes

Machen Sie sich eine Früchte-„Eiscreme". Zerstoßen Sie eine reife Banane und mischen Sie ein wenig Zimt und Süße (Honig, Agavendicksaft, Stevia) dazu. Fügen Sie etwas Vanille dazu und frieren Sie das Ganze ein.

Reispudding ist ebenfalls ein Weg um die Lust auf Süßes zu stillen. Fügen Sie etwas Apfelsoße zu Reisresten. Schlagen Sie ein Eiweiß, ½ Kaffeelöffel Zimt, ½ Kaffeelöffel Vanille und etwas Süße dazu. Erhitzen Sie alles.

Knackig

Bereiten Sie einen süßsauren Gurkensalat zu. Mischen Sie eine dünn geschnittene Gurke mit einer klein gehackten Zwiebel. Mischen Sie ½ Tasse Essig, 1 Kaffeelöffel schwarzen Pfeffer und etwas Süße dazu und stellen Sie das Ganze in den Kühlschrank. Knuspern Sie nach Herzenslust.

Ernährung

Fatburner-Rezept (für 5 Portionen)

- 400 g gemischte Beeren (Himbeeren, Erdbeeren, Brombeeren, Heidelbeeren), besser frisch oder tiefgekühlt
- 1 Papaya (etwa 300 g)

- 1 Birne (etwa 200 g)
- 1 reife Kiwi
- 1 Orange
- ¼ Liter ungesüßten Apfelsaft
- 1 Limette oder 1 unbehandelte Zitrone
- ½ EL Olivenöl
- 25 g Fruchtzucker (oder Ahornsirup)
- Eine Prise gemahlener Zimt
- 1 Messerspitze gemahlene Nelken
- 2 Stängel Zitronenmelisse

In Portionen abfüllen und immer wenn der Hunger kommt (z.B. nach der letzten Hauptmahlzeit des Tages) ein Glas trinken, besser noch löffeln!

Frühstücksmenü

- 1 Joghurt; fettarmer Naturjoghurt/ 125 g (LC Joghurt) oder Tofu-Soja-Joghurt
- 1 EL Sojabohnenmehlpulver
- 1 EL Sanddornsaft
- 1 kleiner Apfel
- 15 g Haferflocken

Bei Bedarf etwas Nüsse (2 TL gehackte Mandeln) dazugeben.

Zwischenmahlzeit

Kefir-Mixgetränk

- ½ Becher Kefir (125 g)
- 1 EL Sojabohnenmehlpulver
- ½ Banane (50-75 g)
- 1 EL Sanddornsaft oder Sanddorn-Vollfrucht

Alle Zutaten miteinander vermischen.

Hirsesuppe

- ¼ Liter Milch (Ziege/Soja)
- 1 Prise Steinsalz

- 15 g Honig
- 15 g Hirse
- 1 Prise Zimt
- 125 g frische (tiefgefrorene) Beerenfrüchte

Milch und Salz zum Kochen bringen und die Hirse einstreuen und aufquellen lassen. Die Suppe mit Honig süßen und mit Zimt abschmecken. Frische (aufgetaute), leicht zerdrückte Früchte auf der Suppe anrichten.

Brennnesselmilch (Magen-Darm(MD) Leber-Galle(LG) Herz-Kreislauf(HK) Nieren-Blase(NB))

- 1 EL zarte Brennnesselblätter
- 1/8 Liter Ziegenmilch oder Sojamilch oder Buttermilch
- 10 g Honig

Blätter fein hacken und mit kochender Milch überbrühen. Alles in einen Mixer geben, gut durchschlagen und süßen. Warm auf nüchternen Magen trinken.

Bircher-Müsli (MD/LG/HK/D)

- 15 g Haferflocken
- 3 EL Wasser
- 1 EL Zitronensaft
- ½ Tasse Joghurt oder Milch möglichst vom Schaf, Ziege, Soja oder Haferdrink
- 10 g Honig oder Agavendicksaft#200 g Äpfel
- 20 g geriebene Mandeln

Haferflocken über Nacht im Wasser einweichen. Am Morgen in einer Schale mit Zitronensaft und Milch oder Joghurt, Honig und gut gereinigtem, mit der Schale geriebenen Apfel vermischen. Das Müsli mit geriebenen Mandeln bestreut anrichten. An Stelle von Äpfeln kann beliebiges Obst oder Jahreszeit verwandt werden.

Bananen-Müsli (LG/HK)

- 1 Banane
- ½ Apfelsine
- 20 g Dinkelflocken

- 20 g Honig
- 1 TL Zitronensaft
- 15 g geröstete Sojaflocken
- 2 TL gehobelte, gehackte Mandeln oder Mandelblättchen

Apfelsine auspressen, Banane mit der Gabel zu einem Brei zerquetschen und mit Apfelsinensaft und Honig verrühren. Diesen Brei in eine Müslischale füllen und mit Flocken und Mandeln bestreut anrichten.

Kleine Hühnchen-Brokkoli-Pfanne

Marinieren Sie in Streifen geschnittene Hühnerbrust, Zwiebel und Knoblauch. In Ingwer-Marinade braten Sie das Ganze mit Wasser, natriumarmer Hühner- oder Gemüsebrühe oder in Essig. Servieren Sie das Gericht auf einem Reisbett.

Ingwer-Marinade: 55 ml Apfelessig/ 1 EL geriebener Ingwer/ 2 EL frischer Zitronensaft/ 2 Frühlingszwiebeln/ 55 ml Orangensaft. Mischen Sie alle Zutaten und marinieren Sie damit die Hühnchen oder Putenbrust für mehrere Stunden.

Brotaufstriche

Mandel-Obstaufstrich

- 50 g Hafer (Hafermehl)
- 50 g Mandeln
- 1 kleiner Apfel
- ½ Banane
- Vanille, Zimt (je nach Geschmack)

Hafer in der Getreidemühle mahlen oder Hafermehl verwenden. Mandeln in einem Häcksler fein mahlen. Den Apfel und die Banane mit dem Mixstab pürieren, Hafer und Mandeln mit unterrühren. Nach Geschmack mit Vanille und Zimt abschmecken.

Nuss-Mus

- 250 g Haselnusskerne
- 2 EL Honig
- 2 EL Carobpulver

- 3 EL weiche Butter oder Ghee

Die Nüsse in der trockenen Pfanne einige Minuten anrösten, auf ein Tuch geben, gegeneinander reiben, damit die Schalen etwas abfallen. Die erkalteten Kerne fein mahlen, mit Honig, Carobpulver und die Butter untermischen und eine geschmeidige Creme rühren. Eventuell noch nachsüßen.

Möhrenbrotaufstrich

- 3 Möhren
- 2 EL Sonnenblumenkerne
- 2 EL Sesam
- 2 EL Öl
- 1 EL Mandel-Mus
- 1 Apfel

Die Möhren gut bürsten und ungeschält fein reiben, ebenso den Apfel. Sonnenblumenkerne und Sesam fein mahlen. Alles zusammen mit dem Öl und Mandel-Mus gut verrühren, eventuell mit dem Mixstab pürieren.

Grünkernaufstrich

- 250 g Grünkern
- 2 Lorbeerblätter
- ¾ Liter Wasser
- 2 Zwiebeln
- 2 EL Majoran
- 1 TL Basilikum
- Meersalz mit Kräuter oder Ursalz mit Kräuter oder Kräutergewürzmischung
- 1TL Thymian
- 100 g Ghee, Miso, Sojamargarine, Pflanzen- Bratenöl oder Butter
- 1 TL Koriander

Grünkern grob mahlen, mit Wasser und Lorbeerblatt aufkochen und quellen lassen. Zwiebel kleinschneiden und etwas in Fett goldgelb dünsten. Die Gewürze und die Zwiebeln zu der Grünkernmasse geben und abschmecken. Nach Belieben noch 2 zerdrückte Knoblauchzehen dazugeben.

Tipp: Zerdrücken Sie die Trockengewürze mit den Fingern in der Hand, denn so kommt das Aroma viel besser hervor.

Pikanter Brotaufstrich

- 30 g Pflanzen-Bratöl, Ghee, Pflanzenmargarine oder Butter
- 2 Zwiebeln
- 1 Knoblauchzehe
- 1 EL Hefeextrakt
- 30 g Dinkel (ca. 2 schwach gehäufte EL) fein gemahlen
- 1/8 Liter Wasser
- 1-2 TL gekörnte Gemüsebrühe
- 3 EL kaltgepresstes Öl
- Piment, Majoran, Thymian, Koriander und Pfeffer

Zwiebeln und Knoblauch fein schneiden und in der Butter leicht andünsten. Hefeextrakt dazugeben und verrühren. Dinkel in dem Wasser anrühren, in die Zwiebelmasse hineingeben und glatt rühren. Gekörnte Brühe, Öl und die Gewürze dazugeben und abschmecken.

Tabuleh (Bulgur-Tomatensalat)- in Syrien und anderen arabischen Ländern sehr beliebt

Zutaten für vier Personen

- 250 g Bulgur (vorgekochter, wieder getrockneter und geschroteter Weizen (möglichst aus keimfähiger Saat), erhältlich im Reformhaus oder Naturkostladen)
- 500 g Tomaten
- 1 Gemüsezwiebel
- 2 Bund Petersilien
- 3 EL Olivenöl
- Saft von 2 Zitronen
- Schwarzer Pfeffer
- Himalaya-Salz – nur wenn es nicht ohne geht!!!

Pro Portion etwa: 480 kcal, 10 g Eiweiß, 29 g Fett, 45 g Kohlenhydrate

Zubereitungszeit etwa 1 Stunde 40 Minuten, davon 1 Stunde Quellzeit.

1. Den Bulgur mit reichlich Wasser bedecken und etwa 30 Minuten quellen lassen, evtl. noch etwas Wasser zugeben.

2. In der Zwischenzeit die Tomaten waschen und in Würfel schneiden. Die Zwiebel schälen und ebenfalls in Würfel schneiden. Die Petersilie waschen, trockenschütteln und ohne grobe Stiele fein hacken. Alles in eine große Schüssel geben.
3. Das Olivenöl mit Zitronensaft verrühren und über die Zutaten in der Schüssel gießen. Den Bulgur in ein Sieb abgießen, gut abtropfen lassen und dazugeben. Alles gut vermengen. Den Salat mit Pfeffer und Salz abschmecken und etwa 1 Stunde durchziehen lassen.

BEACHTEN SIE BITTE IHRE MENGEN, 75-150 g GEMÜSE

Kartoffelbrei

- 4 mehlige Kartoffeln
- 55-110 ml Hühnerbrühe (ohne Natrium)
- Schwarzer Pfeffer
- Wenn erwünscht Knoblauch

Die Kartoffeln in Wasser kochen oder noch besser direkt auf den Rost in den Backofen und bei 200 Grad 1 Stunde backen, bis sie weich sind.
Kartoffeln halbieren und das innere rausholen. Die Kartoffelmasse schlagen Sie nun mit dem Handrührgerät oder Stampfer, wo Sie Hühnerbrühe und Pfeffer (wenn gewünscht Knoblauch) hinzugeben, bis ihre gewünschte Konsistenz erreicht ist.

Haferschleim

- 2/3 Tasse gekochter Haferschleim mit Zimt und Muskat bestreuen
- 3 TL Mandelblättchen
- 1 Tasse fettarme Milch, besser Haferdrink oder Sojamilch, Ziegenmilch
- 2 Eiweiß oder 1 Ei
- ½ Tasse Blaubeeren als Beilage

Kalbspaprika (Mittag oder Abendessen)

- 120 g magere Kalbskoteletts, gut geklopft
- 1 1/3 Tasse gedämpften Spinat
- 1 gemischter Salat

- 3 EL Olivenöl-Essig-Dressing
- 1 Apfel

Kalbsfleisch mit Zwiebelringen in Olivenöl anbräunen. Mit Paprika, Knoblauchpulver, Cayennepfeffer und Salz würzen. Ein Schluck Weißwein zugeben und bei wenig Hitze leicht kochen lassen, bis das Fleisch zart ist.

Gebratenes Tofu

- 1/3 Tasse Wasser
- 1 Tasse gewürfelte Netzmelone als Vorspeise
- 200 g gewürfeltes Tofu mit gehackter Zwiebel, rotem und grünem Paprika
- Pilze und Tabasco
- 1 ½ Tassen feingeschnittener Brokkoli
- ½ Tasse Zuckererbsen
- 1 TL Macadamianussöl

Schinkensandwich mit Salat und Tomaten

1 Scheibe Dinkel- oder Vollkornbrot, Buchweizen, Pumpernickel oder Roggenbrot, 60 g mageren Putenschinken mit Salat, Tomatenscheiben und einer Gurke sowie 30 g fettarmen Käse.

100 g fettarmer Joghurt mit ½ Tasse Pfirsiche, Heidelbeeren oder Brombeeren zum Nachtisch.

Rezepte mit Kartoffeln

Kartoffeln immer mit Bockshornkleesaat kochen. Dieses Gewürz zieht Zucker aus der Kartoffel.

Gesunder Kartoffelsalat

- 1 kg Kartoffeln
- 2 Gewürzgurken
- 2 Tomaten
- 1 Apfel
- 1 Zwiebel
- 3 EL Obstessig
- 1 EL feingehackte Kräuter

- 3 EL kaltgepresstes Öl
- Bockshornkleesaat
- Wenn nötig, eine Prise Himalaya-Salz

Kartoffeln mit der Schale garen, pellen und in Scheiben oder Würfel schneiden. Gurke, Tomaten und Apfel in feine Würfel oder Scheibchen schneiden und mit feingehackten Zwiebeln und den Kräutern unter die Kartoffel mischen.
Aus Öl, Essig und Gewürzen eine Marinade rühren, diese mit den anderen Zutaten vermischen und den Salat gut durchziehen lassen. Wahlweise folgende Proteine hinzufügen: Krabben oder gekochtes und in Würfel geschnittenes Hühnereiweiß oder mit Sojawürstchen servieren.

Grüne Kartoffelsuppe

- 200 g Kartoffeln
- 1 kleine Zwiebel
- 1 Stück Sellerieknolle
- Bockshornkleesaat
- Einige Stängel Petersilie
- 1 Möhre
- 5 g Ghee oder 10 ml Pflanzenöl (oder 10 g Margarine)
- ½ Liter natriumarme Gemüsebrühe oder Wasser
- Einige EL fettarmer Joghurt oder besser Buttermilch
- 1 Tasse gehackte Brennnesselblätter oder Kresse

Die Kartoffeln werden geschält, kleingeschnitten und in der Brühe oder in Wasser mit Bockshornkleesaat, mit gehackter Zwiebel, geputzter und zerkleinerter Möhre und Sellerie weich gekocht. Alles mit Handmixer pürieren oder durch das Sieb streichen. Dann gehackte Petersilie und Brennnesselblätter oder Kresse hinzufügen und das Ganze mit Ghee oder Pflanzenöl abschmecken (Margarine- eher weniger), bei Bedarf Himalaja Salz hinzufügen und mit Joghurt oder Buttermilch abschmecken.

Proteine: Bitte pro Teller 1 Eiweiß hinein flocken oder 1 EL fettarmes Sojamehl oder weißes mageres Fleisch.

Wurstgulasch

- 275 g Sojawürstchen

- 500 g Tomaten (4 Stück)
- 2 Zwiebeln
- 2 EL kaltgepresstes Öl
- 150 g Joghurt
- 1 EL Sojamehl- fettarm
- 1 TL Kümmel
- Bei Bedarf Himalaja Salz/ Meersalz
- Basilikum, Paprikapulver

Tomaten mit kochendem Wasser überbrühen, die Schale abziehen und die Früchte in Scheiben schneiden. Öl erhitzen, gewürfelte Zwiebeln und in Stücke geschnittene Würstchen
Darin anbraten; dann Tomatenscheiben und Kümmel hinzufügen und alles etwa 20 Minuten dünsten lassen. Die Sauce mit in Joghurt oder Buttermilch angerührtem Mehl binden und mit Gewürzen abschmecken. Das Ganze zu unpoliertem Reis servieren.

Zitronen Buttermilch-Shake (2 Personen)

- 1 Liter Buttermilch
- Saft von 2-3 Zitronen
- Honig oder Agavendicksaft nach Geschmack (Stevia , besonders zu empfehlen)
- 1 Tüte Agar-Agar

Buttermilch mit Honig oder Agavendicksaft … und Zitronensaft gut verschlagen und abschmecken. Agar-Agar nach Vorschrift zubereiten und unter die Buttermilch schlagen. Das Getränk kurz kalt stellen und dann mit einer Zitronenscheibe servieren.

Soja-Rezepte, sonstige Salate und „Kalte Küche"

Reissalat mit Würstchen (4 Personen)

- 75 g gegarter Naturreis
- 100 g Apfel
- 100 g Ziegenschnittekäse+150 g Tomaten
- 1 EL leichte Salatremoulade
- 75 g Kefir oder Buttermilch
- Meersalz
- Basilikum

- Zitronensaft
- 1 Prise Rohrohrzucker
- 1 Dose (275 g) Soja-Würstchen
- Öl

Aus Salatremoulade, Kefir, Salz, Zucker und Zitronensaft eine pikante Sauce rühren. Reis, gewürfelten Apfel, Käse und Tomaten untermischen und den Salat durchziehen lassen. Dann mit gebratenen oder erhitzten Soja-Würstchen anrichten.

Soja-Fleischsalat mit Champignons (2 Personen)

- 100 g leichte Salatcreme
- 100 g Kefir oder Buttermilch
- Tomatenmark
- Meersalz
- Rohrohrzucker
- 250 g Champignons
- 150 g Soja-zart
- Petersilie

Salatcreme mit Kefir oder Buttermilch gut verrühren, mit Tomaten-Ketchup, Meersalz und Zucker pikant abschmecken. Champignons säubern, in Scheibchen schneiden und bei geringer Wärmezufuhr mit einer Prise Salz gar dünsten. Die erkalteten, gut abgetropften Champignons mit den in Streifen geschnittenen Sojascheiben unter die Sauce mischen und mit fein gewiegter Petersilie bestreut anrichten.

Frühlingssalat mit Würstchen (4 Personen)

- 150 g frische Salatgurke
- 20 g kaltgeschlagenes Öl
- 4 Tomaten
- 1 Paprikaschote
- 2 Zwiebeln
- 5 Soja-Würstchen
- 1 Bund Radieschen
- 1 Bund Schnittlauch
- Zwiebelpulver
- Paprikapulver

- Meersalz/ Himalaja Salz
- Saft einer Zitrone

Tomaten achteln, Gurken, Radieschen und Soja-Würstchen in Scheiben, Paprikaschote in feine Streifen schneiden. Zwiebeln fein hacken. Öl mit Zitronensaft, feingeschnittenem Schnittlauch und den Gewürzen verrühren und mit den anderen Salatzutaten vermischen.

Balkan-Salat (4 Personen)

- 100 g Dinkel-Spaghetti
- 125 g Sojascheiben
- 1 Packung tiefgekühltes Balkangemüse
- 4 hartgekochte Eier
- 3 EL Obstessig
- 4 EL kaltgeschlagenes Öl
- Meersalz

Das Gemüse in wenig Salzwasser, die zerbrochenen Spaghetti in reichlich, 1 Salzwasser getrennt weich kochen, auf ein Sieb schütten und abkühlen lassen. Eier und Sojascheiben würfeln, alle Zutaten untereinander mischen und pikant abschmecken.

<u>**Chili Con Carne**</u>

- 500 g mageres Rinder-, Hühnchen- oder Putenbrusthack
- 1 gehackte Zwiebel
- 1 zerdrückte Knoblauchzehe
- 1 grüne Paprika, entkernt und gehackt
- 400 g Kidney/Chillibohnen (rote Bohnen)
- 700 g gewürfelte Tomaten
- 1 TL Oregano, ½ TL Kreuzkümmel, ½ TL Pfeffer frisch gemahlen
- ½ TL Cayennepfeffer oder weniger je nach Bedarf

1. Bräunen Sie das Hackfleisch in einer beschichteten Pfanne/ Kasserolle oder einem großen Topf mit Zwiebeln, Knoblauch und grüner Paprika auf mittlerer Hitze an, bis das Fleisch durch ist. Geben Sie die Gewürze und Bohnen hinzu. Rühren Sie eine Minute lang alles.
2. Fügen Sie die gewürfelten Tomaten hinzu und kochen Sie das Ganze auf. Stellen Sie den Herd klein und lassen Sie das Ganze unter gelegentlichem Rühren 10-15 Minuten lang köcheln.

Putenwürstchen-Bratlinge

- 500 g mageres Putenbrusthackfleisch
- ½ TL Kreuzkümmel
- ½ TL Cayennepfeffer
- ½ TL Knoblauchpulver
- ½ TL Koriander
- ½ TL frisch gemahlener schwarzer Pfeffer
- 1 TL Paprika
- ½ TL Oregano
- ½ TL Basilikum
- 110 ml Hühnerbrühe (ohne Natrium)

1. Mischen Sie die Pute und getrocknete Gewürze in einer großen Schüssel untereinander.
2. Geben Sie die Hühnerbrühe unter ständigem Rühren hinzu. Lassen Sie die Mischung 15-20 Minuten ziehen.
3. Formen Sie die Pute zu 8 Bratlingen von etwa 2 cm Dicke
4. Kochen Sie die Bratlinge 7-8 Minuten auf beiden Seiten in einer beschichteten Pfanne auf mittlerer Hitze oder bis sie gut durch sind.

Würstchen passen ausgezeichnet zum Frühstück, sind aber jederzeit lecker.

Scharf mit Pfiff- Fügen Sie der Masse noch 1 TL Chilipulver, ½ TL Cayennepfeffer und 2 EL Tomatenmark (ohne Natrium) hinzu.

Italienische Art- Fügen Sie der Masse noch ½ TL Majoran, ½ TL Koriander und ½ TL Rosmarin hinzu.

Echt Orientalisches aus dem Wok

- 250 g Hühnerbrust, klein geschnitten
- 55 ml Wasser
- 75 g Brokkoliröschen
- 75 g Zuckererbsen
- 75 g Pilze in Scheiben
- 40 g Wasserkastanien
- 40 g Bambussprossen
- 2 EL Zitronensaft

- 4 EL Weißwein
- 2 TL Thymian
- 1 TL Muskatnuss
- Schwarzer Pfeffer, frisch gemahlen, nach Belieben

1. Erhitzen Sie eine große beschichtete Pfanne auf mittlerer Hitze. Rühren Sie Zitronensaft, Wein und Gewürze in einer Schüssel zusammen und stellen Sie sie beiseite.
2. Geben Sie das Hühnchenfleisch in die Pfanne und wenden Sie es, bis das Hühnchen auf allen Seiten gebräunt ist.
3. Geben Sie 50 ml Wasser hinzu und bringen Sie es zum Kochen.
4. Rühren Sie den Brokkoli ein und kochen Sie ihn 1 Minute lang.
5. Fügen Sie dem Ganzen Zuckererbsen, Pilze und Wasserkastanien hinzu und kochen Sie es weitere 2 Minuten.
6. Gießen Sie nun die Weinsauce darüber und kochen Sie das Ganze weitere 2 Minute oder bis das Gemüse biss-zart ist. Auf Reisbett servieren.

Versuchen Sie das Rezept auch mit Ihrem Lieblingsgemüse oder versuchen Sie folgendes:

Thailändisches aus dem Wok- verwenden Sie geschnittenen Kohl, Zwiebel, Selleriestangen und Karotten, wobei Sie alles Gemüse gleichzeitig hinzugeben. Anstelle der Wein-Gewürz-Sauce verwenden Sie 15 ml Zitronen- sowie Limettensaft, ½ TL geriebenen Ingwer, ½ rote Pfefferflocken, 2 Zehen Knoblauch (gehackt), 2 EL gehackte Petersilie.

Meeresfrüchte aus dem Wok- verwenden Sie Krabben anstelle von Hühnchen. Verwenden Sie Bok Choi, roten Paprika, Frühlingszwiebeln und Pilze als Gemüse.

Sechuan- anstelle der Wein-Gewürz-Sauce nehmen Sie 4 EL Weißwein, 2 EL Reisessig, 1EL geriebener frischer Ingwer, 3 Knoblauchzehen (gehackt) und ½ TL Cayennepfeffer. Schmeckt wunderbar mit magerem Rindfleisch, wenn Sie Körpertyp IV oder V sind.

Bachforelle mit gebackenen Tomaten

(für 2 Personen, Zubereitungszeit: ca. 40 Minuten, 510 kcal, 13 g Fett (23%))

- 300 g kleine Kartoffeln

- Salz
- 1 große Fenchelknolle
- 2 Bachforellen à 300 g
- Saft von 1 Zitrone
- 4 Tomaten
- 2 EL Semmelbrösel
- 1 EL Olivenöl

1. Den Backofen auf 200 °C vorheizen. Die Kartoffeln schälen und in Salzwasser etwa 20 Minuten kochen. Inzwischen den Fenchel putzen und in etwa 1 cm lange Streifen schneiden.
2. Die Forellen abwaschen, trockentupfen, innen und außen mit Zitronensaft beträufeln, salzen und pfeffern.
3. Auf einem großen Stück Alufolie das Gemüse verteilen, 4 EL Wasser dazugeben und die Forellen auf das Gemüse legen. Die Alufolie verschließen und für etwa 15 Minuten in den Backofen geben.
4. Inzwischen von den Tomaten die obere Scheibe mit Stielansatz wegschneiden. Von oben ein wenig aushöhlen und in eine flache, feuerfeste Form setzen.
5. Die Semmelbrösel mit Olivenöl, Salz und Pfeffer vermischen und auf die Tomaten geben. Die Tomaten für etwa 10 Minuten überbacken.
6. Die Kartoffeln abgießen, die Tomaten aus dem Backofen nehmen, Forellen und das Fenchelgemüse aus der Alufolie packen. Alles zusammen servieren.

Bunte Fischpfanne

(für 2 Personen, Zubereitungszeit: ca. 40 Minuten, 460 kcal, 6 g Fett (12%))

- 300 g kleine Kartoffeln
- 400 g Kabeljaufilet
- 3 EL Zitronensaft
- Salz
- Schwarzer Pfeffer
- 1 Zwiebel
- 150 g grüne Bohnen
- 150 g Frühlingszwiebeln
- 300 g Möhren
- 1 EL Sonnenblumenöl

- 100 ml Gemüsebrühe
- 1 EL Tomatenmark
- 1 EL Butter

1. Kartoffeln schälen und in Salzwasser etwa 20 Minuten gar kochen.
2. Den Fisch waschen, trockentupfen und in etwa 2 cm Würfel schneiden, mit dem Zitronensaft säuern, salzen und pfeffern.
3. Die Zwiebeln würfeln. Das Gemüse putzen. Die Bohnen halbieren. Die Frühlingszwiebeln in Ringe schneiden und die Möhren in Scheiben schneiden.
4. Das Öl in einer beschichteten Pfanne erhitzen, die Zwiebelwürfel darin anbraten. Das übrige Gemüse dazugeben, kurz anbraten und mit der Brühe ablöschen. Das Tomatenmark unterrühren und etwa 10 Minuten dünsten.
5. Die Kartoffeln abgießen, und etwas kühlen lassen. Die Fischwürfel zum Gemüse geben und etwa 10 Minuten gar ziehen lassen.
6. Die Butter in einer Pfanne erhitzen und die Kartoffeln rundherum kurz anbraten. Salzen und pfeffern.
7. Die Fischpfanne mit Salz und Pfeffer abschmecken und mit den Kartoffeln servieren.

Heilbutt mit Zitronensauce

(für 2 Personen, Zubereitungszeit: ca. 45 Minuten, 590 kcal, 13,5 Fett (21%))

- 1 rote Paprika
- 1 grüne Paprika
- 1 gelbe Paprika
- 400 g weißes Heilbuttfilet (2 Stück)
- Salz
- weißer Pfeffer
- 50 ml Weißwein
- 150 ml Fischfond
- 1 Frühlingszwiebel
- 1 TL Öl
- 1 Tüte Zitronenbuttersauce

1. Den Backofen auf 250°C vorheizen. Die Paprikaschoten etwa 10 Minuten im Ofen backen. Enthäuten, halbieren und entkernen.

136

Die Temperatur des Backofens auf 180°C reduzieren. Die Paprika in etwa 2 große Rauten schneiden.

2. Die Heilbuttfilets waschen, enthäuten und in eine feuerfeste Auflaufform legen. Mit Salz und Pfeffer würzen, Wein und Fischfond angießen. Etwa 10 Minuten auf mittlerer Schiene im Ofen garen.

3. Die Frühlingszwiebel putzen und dann in feine Ringe schneiden.

4. Das Öl erhitzen und die Frühlingszwiebel darin etwa 1 Minute andünsten. Paprika dazugeben und etwa 3 Minuten mitdünsten. Mit Salz und Pfeffer würzen.

5. Die Auflaufform aus dem Ofen nehmen, die Fischstücke herausnehmen und beiseite stellen.

6. Die Flüssigkeit aus der Auflaufform auf 250 ml aufgießen. Das Saucenpulver einrühren und zum Kochen bringen. Etwa 1 Minute kochen.

7. Die Fischfilets zusammen mit der Sauce und dem Gemüse servieren.

Tipp: Dazu passt Reis.

Rotbarschfilet mit Gurkengemüse und Erbsensauce

(für 2 Personen, Zubereitungszeit: ca. 30 Minuten, 370 kcal, 8 g Fett (20%))

- 400 g Rotbarschfilet (4 Stück)
- 2 Zweige Thymian
- 4 Salbeiblätter
- 3 EL Zitronensaft
- 300 g kleine Kartoffeln
- 500 g Schmorgurken
- 200 ml Gemüsebrühe
- Salz
- Schwarzer Pfeffer
- 50 g TK-Erbsen
- ½ Bund Petersilie
- ½ Bund Estragon

1. Den Backofen auf 250°C vorheizen. Thymian von den Zweigen zupfen, zusammen mit dem Salbei fein hacken und mit dem Zitronensaft vermischen.

2. Die Fischstücke waschen, trockentupfen und mit dem Zitronen-Kräuter-Saft marinieren. Die Kartoffeln schälen und in Salzwasser etwa 20 Minuten kochen.

3. Die Gurken schälen, entkernen und in Scheiben schneiden. In der Brühe etwa 10 Minuten garen.

4. Den Fisch salzen und pfeffern. Von der Brühe 2 EL in einer flachen, feuerfesten Form verteilen und die Fischstücke darauf legen. Im Ofen auf mittlerer Schiene 5 bis 7 Minuten garen.

5. Gurkengemüse aus der Brühe nehmen, die Erbsen in dieselbe Brühe geben und erhitzen. Petersilie und Estragon von den Stielen zupfen, dazugeben und alles pürieren. Mit Salz und Pfeffer abschmecken.

6. Die Kartoffeln abgießen, den Fisch mit Gurkengemüse und Erbsensauce servieren.

Weihnachtsgebäck

Nussplätzchen

- 200 g Kokosghee/Margarine
- 1 Eigelb
- 150 g Honig/ Agavendicksaft
- 200 g Weizenvollkornmehl
- 200 g Haselnüsse

Ghee/ Margarine schaumig rühren, Eigelb und Honig dazugeben. Dann den feingemahlenen Weizen und die gemahlenen Nüsse unterrühren. Kleine Kugeln oder Häufchen formen, mit jeweils einer Nuss garnieren, auf ein gefettetes Blech setzen und bei 175°C mittlerer Schiene 10 Minuten goldgelb backen,

Orangenplätzchen

- 250 g fein gemahlenen Dinkel
- 1 TL Weinsteinbackpulver
- 100 g Honig/ Agavendicksaft
- 1 MS Naturvanille
- Geriebene Schale einer unbehandelten Orange
- 1 Ei
- 125 g Kokosghee/ Margarine/ (Butter)
- 100 Carob-Raspel

Alle Zutaten zu einem Teig verkneten. Gut 1 Stunde stehen lassen. Danach Rollen formen, Scheiben abschneiden und auf das Backblech legen. Diese bei mittlerer Hitze ca. 8-10 Minuten abbacken.

XIII. Quellenverzeichnis

❖ Heilung ist möglich „Hulda R. Clark"

❖ Nutze die Heilkraft der Natur „Dr. med. E. Schneider"

❖ „Elke Drescher-Herndl" – Die fantastische Wanderung

❖ Klinische Hypnose und Hypnotherapie „Agnes Kaiser Rekkas"

❖ EMDR-Therapie „Andreas Zimmermann"

❖ Gesundheits-Schutz-Projekt „Vitality"

❖ Fit for Fun

17690652R00085

Printed in Poland
by Amazon Fulfillment
Poland Sp. z o.o., Wrocław